TAILANDÊS

VOCABULÁRIO

PORTUGUÊS BRASILEIRO

PORTUGUÊS TAILANDÊS

Para alargar o seu léxico e apurar as suas competências linguísticas

3000 palavras

Vocabulário Português Brasileiro-Tailandês - 3000 palavras

Por Andrey Taranov

Os vocabulários da T&P Books destinam-se a ajudar a aprender, a memorizar, e a rever palavras estrangeiras. O dicionário é dividido em temas, cobrindo todas as principais esferas de atividades quotidianas, negócios, ciência, cultura, etc.

O processo de aprendizagem, utilizando os dicionários baseados em temáticas da T&P Books dá-lhe as seguintes vantagens:

- Informação de origem corretamente agrupada predetermina o sucesso em fases subsequentes da memorização de palavras
- Disponibilização de palavras derivadas da mesma raiz, o que permite a memorização de unidades de texto (em vez de palavras separadas)
- Pequenas unidades de palavras facilitam o processo de estabelecimento de vínculos associativos necessários para a consolidação do vocabulário
- O nível de conhecimento da língua pode ser estimado pelo número de palavras aprendidas

T&P Books Publishing
www.tpbooks.com

ISBN: 978-1-78767-435-6

Este livro também está disponível em formato E-book.
Por favor visite www.tpbooks.com ou as principais livrarias on-line.

VOCABULÁRIO TAILANDÊS
palavras mais úteis

Os vocabulários da T&P Books destinam-se a ajudar a aprender, a memorizar, e a rever palavras estrangeiras. O vocabulário contém mais de 3000 palavras de uso comum organizadas tematicamente.

O vocabulário contém as palavras mais comummente usadas
Recomendado como adicional para qualquer curso de línguas
Satisfaz as necessidades dos iniciados e dos alunos avançados de línguas estrangeiras
Conveniente para o uso diário, sessões de revisão e atividades de auto-teste
Permite avaliar o seu vocabulário

Características especias do vocabulário

- As palavras estão organizadas de acordo com o seu significado, e não por ordem alfabética
- As palavras são apresentadas em três colunas para facilitar os processos de revisão e auto-teste
- As palavras compostas são divididas em pequenos blocos para facilitar o processo de aprendizagem
- O vocabulário oferece uma transcrição simples e adequada de cada palavra estrangeira

O vocabulário contém 101 tópicos incluindo:

Conceitos básicos, Números, Cores, Meses, Estações do ano, Unidades de medida, Roupas & Acessórios, Alimentos & Nutrição, Restaurante, Membros da Família, Parentes, Caráter, Sentimentos, Emoções, Doenças, Cidade, Passeios, Compras, Dinheiro, Casa, Lar, Escritório, Trabalho no Escritório, Importação & Exportação, Marketing, Pesquisa de Emprego, Esportes, Educação, Computador, Internet, Ferramentas, Natureza, Países, Nacionalidades e muito mais ...

TABELA DE CONTEÚDOS

GUIA DE PRONUNCIAÇÃO

Alfabeto fonético T&P	Exemplo tailandês	Exemplo Português
[a]	ห้า [hâ:] – hâa	chamar
[e]	เป็นลม [pen lom] – bpen lom	metal
[i]	วินัย [wíʔ naj] – wí–nai	sinônimo
[o]	โกน [ko:n] – gohn	lobo
[u]	ขุ่นเคือง [kʰùn kʰɯ:aŋ] – khùn kheuang	bonita
[aa]	ราคา [ra: kʰa:] – raa–khaa	rapaz
[oo]	ภูมิใจ [pʰu:m tɕaj] – phoom jai	blusa
[ee]	บัญชี [ban tɕʰi:] – ban–chee	cair
[ɯ]	เดือน [dɯ:an] – deuan	Um [u] sem arredondar os lábios
[ɤ]	เงิน [ŋɤn] – ngern	O [u] Inglês, só que com os lábios arredondados
[ae]	แปล [plɛ:] – bplae	plateia
[ay]	เลข [lê:k] – lâyk	plateia
[ai]	ไปป์ [paj] – bpai	baixar
[oi]	โพย [pʰo:j] – phoi	moita
[ya]	สัญญา [săn ja:] – săn–yaa	Himalaias
[ɤ:i]	อบเชย [ʔòp tɕʰɤ:j] – òp–choie	Combinação [ə:i]
[i:a]	หน้าเขียว [nâ: si:aw] – nâa sieow	Kia Motors

Consoantes iniciais

[b]	บาง [ba:ŋ] – baang	barril
[d]	สีแดง [sĭ: dɛ:ŋ] – sěe daeng	dentista
[f]	มันฝรั่ง [man fà ràŋ] – man fà–ràng	safári
[h]	เฮลซิงกิ [he:n siŋ kìʔ] – hayn–sing–gì	[h] aspirada
[y]	ยี่สิบ [jî: sìp] – yêe sìp	Vietnã
[g]	กรง [kroŋ] – grorng	gosto
[kh]	เลขา [le: kʰă:] – lay–khăa	[k] aspirada
[l]	เล็ก [lék] – lék	libra
[m]	เมลอน [me: lɔ:n] – may–lorn	magnólia
[n]	หนัง [năŋ] – năng	natureza
[ng]	เงือก [ŋɯ:ak] – ngêuak	alcançar
[bp]	เป็น [pen] – bpen	presente
[ph]	เผา [pʰàw] – phào	[p] aspirada
[r]	เบอร์รี่ [bɤ: rî:] – ber–rêe	riscar
[s]	ซ่อน [sôn] – sôrn	sanita
[dt]	ดนตรี [don tri:] – don–dtree	tulipa
[j]	ปั้นจั่น [pân tɕàn] – bpân jàn	tchetcheno

Alfabeto fonético T&P	Exemplo tailandês	Exemplo Português
[ch]	วิชา [wiʔ tɕ^{h}a:] – wí–chaa	[tsch] aspirado
[th]	แถว [t^{h}ɛ:w] – thǎe	[t] aspirada
[w]	เคียว [k^{h}i:aw] – khieow	página web

Consoantes finais

[k]	แม่เหล็ก [mɛ: lèk] – mâe lèk	aquilo
[m]	เพิ่ม [p^{h}ɤ:m] – phêrm	magnólia
[n]	เนียน [ni:an] – nian	natureza
[ng]	เป็นห่วง [pen hù:aŋ] – bpen hùang	alcançar
[p]	ไม่ขยับ [mâj k^{h}à ja p] – mâi khà–yàp	presente
[t]	ลูกเป็ด [lû:k pèt] – lôok bpèt	tulipa

Comentários

- **Tom médio - [ā]** กา.รคูณ [gaan khon]
Tom baixo - [à] แจกจาย [jàek jàai]
Tom descendente - [â] แตม [dtâem]
Tom alto - [á] แซ็กโซโฟน [sáek-soh-fohn]
Tom ascendente - [ǎ] เนินเขา [nern khǎo]

ABREVIATURAS usadas no vocabulário

Abreviaturas do Português

adj	-	adjetivo
adv	-	advérbio
anim.	-	animado
conj.	-	conjunção
desp.	-	esporte
etc.	-	Etcetera
ex.	-	por exemplo
f	-	nome feminino
f pl	-	feminino plural
fem.	-	feminino
inanim.	-	inanimado
m	-	nome masculino
m pl	-	masculino plural
m, f	-	masculino, feminino
masc.	-	masculino
mat.	-	matemática
mil.	-	militar
pl	-	plural
prep.	-	preposição
pron.	-	pronome
sb.	-	sobre
sing.	-	singular
v aux	-	verbo auxiliar
vi	-	verbo intransitivo
vi, vt	-	verbo intransitivo, transitivo
vr	-	verbo reflexivo
vt	-	verbo transitivo

CONCEITOS BÁSICOS

1. Pronomes

você	คุณ	khun
ele	เขา	khăo
ela	เธอ	ther
ele, ela (neutro)	มัน	man
nós	เรา	rao
vocês	คุณทั้งหลาย	khun tháng lăai
o senhor, -a	คุณ	khun
senhores, -as	คุณทั้งหลาย	khun tháng lăai
eles	เขา	khăo
elas	เธอ	ther

2. Cumprimentos. Saudações

Oi!	สวัสดี!	sà-wàt-dee
Olá!	สวัสดี ครับ/ค่ะ!	sà-wàt-dee khráp/khâ
Bom dia!	อรุณสวัสดิ์!	a-run sà-wàt
Boa tarde!	สวัสดีตอนบ่าย	sà-wàt-dee dtorn-bàai
Boa noite!	สวัสดีตอนค่ำ	sà-wàt-dee dtorn-khâm
cumprimentar (vt)	ทักทาย	thák thaai
Oi!	สวัสดี!	sà-wàt-dee
saudação (f)	คำทักทาย	kham thák thaai
saudar (vt)	ทักทาย	thák thaai
Como você está?	คุณสบายดีไหม?	khun sà-baai dee măi
Como vai?	สบายดีไหม?	sà-baai dee măi
E aí, novidades?	มีอะไรใหม่?	mee à-rai mài
Tchau!	ลาก่อน!	laa gòrn
Até logo!	บาย!	baai
Até breve!	พบกันใหม่	phóp gan mài
Adeus! (sing.)	ลาก่อน!	laa gòrn
Adeus! (pl)	สวัสดี!	sà-wàt-dee
despedir-se (dizer adeus)	บอกลา	bòrk laa
Até mais!	ลาก่อน!	laa gòrn
Obrigado! -a!	ขอบคุณ!	khòrp khun
Muito obrigado! -a!	ขอบคุณมาก!	khòrp khun mâak
De nada	ยินดีช่วย	yin dee chûay
Não tem de quê	ไม่เป็นไร	mâi bpen rai
Não foi nada!	ไม่เป็นไร	mâi bpen rai
Desculpa!	ขอโทษที!	khŏr thôht thee
Desculpe!	ขอโทษ ครับ/ค่ะ!	khŏr thôht khráp / khâ

desculpar (vt)	ให้อภัย	hâi a-phai
desculpar-se (vr)	ขอโทษ	khŏr thôht
Me desculpe	ขอโทษ	khŏr thôht
Desculpe!	ขอโทษ!	khŏr thôht
perdoar (vt)	อภัย	a-phai
Não faz mal	ไม่เป็นไร!	mâi bpen rai
por favor	โปรด	bpròht
Não se esqueça!	อย่าลืม!	yàa leum
Com certeza!	แน่นอน!	nâe norn
Claro que não!	ไม่ใช่แน่!	mâi châi nâe
Está bem! De acordo!	โอเค!	oh-khay
Chega!	พอแล้ว	phor láew

3. Questões

Quem?	ใคร?	khrai
O que?	อะไร?	a-rai
Onde?	ที่ไหน?	thêe năi
Para onde?	ที่ไหน?	thêe năi
De onde?	จากที่ไหน?	jàak thêe năi
Quando?	เมื่อไหร่?	mêua rài
Para quê?	ทำไม?	tham-mai
Por quê?	ทำไม?	tham-mai
Para quê?	เพื่ออะไร?	phêua a-rai
Como?	อย่างไร?	yàang rai
Qual (~ é o problema?)	อะไร?	a-rai
Qual (~ deles?)	ไหน?	năi
A quem?	สำหรับใคร?	săm-ràp khrai
De quem?	เกี่ยวกับใคร?	gìeow gàp khrai
Do quê?	เกี่ยวกับอะไร?	gìeow gàp a-rai
Com quem?	กับใคร?	gàp khrai
Quantos? -as?	กี่...?	gèe...?
Quanto?	เท่าไหร่?	thâo rài
De quem? (masc.)	ของใคร?	khŏrng khrai

4. Preposições

com (prep.)	กับ	gàp
sem (prep.)	ปราศจาก	bpràat-sà-jàak
a, para (exprime lugar)	ไปที่	bpai thêe
sobre (ex. falar ~)	เกี่ยวกับ	gìeow gàp
antes de ...	ก่อน	gòrn
em frente de ...	หน้า	nâa
debaixo de ...	ใต้	dtâi
sobre (em cima de)	เหนือ	nĕua
em ..., sobre ...	บน	bon
de, do (sou ~ Rio de Janeiro)	จาก	jàak

de (feito ~ pedra)	ทำใช้	tham chái
em (~ 3 dias)	ใน	nai
por cima de ...	ข้าม	khâam

5. Palavras funcionais. Advérbios. Parte 1

Onde?	ที่ไหน?	thêe năi
aqui	ที่นี่	thêe nêe
lá, ali	ที่นั่น	thêe nân
em algum lugar	ที่ใดที่หนึ่ง	thêe dai thêe nèung
em lugar nenhum	ไม่มีที่ไหน	mâi mee thêe năi
perto de ...	ข้าง	khâang
perto da janela	ข้างหน้าต่าง	khâang nâa dtàang
Para onde?	ที่ไหน?	thêe năi
aqui	ที่นี่	thêe nêe
para lá	ที่นั่น	thêe nân
daqui	จากที่นี่	jàak thêe nêe
de lá, dali	จากที่นั่น	jàak thêe nân
perto	ใกล้	glâi
longe	ไกล	glai
perto de ...	ใกล้	glâi
à mão, perto	ใกล้ๆ	glâi glâi
não fica longe	ไม่ไกล	mâi glai
esquerdo (adj)	ซ้าย	sáai
à esquerda	ข้างซ้าย	khâang sáai
para a esquerda	ซ้าย	sáai
direito (adj)	ขวา	khwăa
à direita	ข้างขวา	khâang kwăa
para a direita	ขวา	khwăa
em frente	ข้างหน้า	khâang nâa
da frente	หน้า	nâa
adiante (para a frente)	หน้า	nâa
atrás de ...	ข้างหลัง	khâang lăng
de trás	จากข้างหลัง	jàak khâang lăng
para trás	หลัง	lăng
meio (m), metade (f)	กลาง	glaang
no meio	ตรงกลาง	dtrorng glaang
do lado	ข้าง	khâang
em todo lugar	ทุกที่	thúk thêe
por todos os lados	รอบ	rôrp
de dentro	จากข้างใน	jàak khâang nai
para algum lugar	ที่ไหน	thêe năi

diretamente	ตรงไป	dtrorng bpai
de volta	กลับ	glàp
de algum lugar	จากที่ใด	jàak thêe dai
de algum lugar	จากที่ใด	jàak thêe dai
em primeiro lugar	ข้อที่หนึ่ง	khôr thêe nèung
em segundo lugar	ข้อที่สอง	khôr thêe sŏrng
em terceiro lugar	ข้อที่สาม	khôr thêe săam
de repente	ในทันที	nai than thee
no início	ตอนแรก	dtorn-râek
pela primeira vez	เป็นครั้งแรก	bpen khráng râek
muito antes de …	นานก่อน	naan gòrn
de novo	ใหม่	mài
para sempre	ให้จบสิ้น	hâi jòp sîn
nunca	ไม่เคย	mâi khoie
de novo	อีกครั้งหนึ่ง	èek khráng nèung
agora	ตอนนี้	dtorn-née
frequentemente	บ่อย	bòi
então	เวลานั้น	way-laa nán
urgentemente	อย่างเร่งด่วน	yàang râyng dùan
normalmente	มักจะ	mák jà
a propósito, …	อนึ่ง	à-nèung
é possível	เป็นไปได้	bpen bpai dâai
provavelmente	อาจจะ	àat jà
talvez	อาจจะ	àat jà
além disso, …	นอกจากนั้น...	nôrk jàak nán...
por isso …	นั่นเป็นเหตุผลที่...	nân bpen hàyt phŏn thêe...
apesar de …	แม้ว่า...	máe wâa...
graças a …	เนื่องจาก...	nêuang jàak...
que (pron.)	อะไร	a-rai
que (conj.)	ที่	thêe
algo	อะไร	a-rai
alguma coisa	อะไรก็ตาม	a-rai gôr dtaam
nada	ไม่มีอะไร	mâi mee a-rai
quem	ใคร	khrai
alguém (~ que …)	บางคน	baang khon
alguém (com ~)	บางคน	baang khon
ninguém	ไม่มีใคร	mâi mee khrai
para lugar nenhum	ไม่ไปไหน	mâi bpai năi
de ninguém	ไม่เป็นของของใคร	mâi bpen khŏrng khŏrng khrai
de alguém	ของคนหนึ่ง	khŏrng khon nèung
tão	มาก	mâak
também (gostaria ~ de …)	ด้วย	dûay
também (~ eu)	ด้วย	dûay

6. Palavras funcionais. Advérbios. Parte 2

Por quê?	ทำไม?	tham-mai
por alguma razão	เพราะเหตุผลอะไร	phrór hàyt phǒn à-rai
porque ...	เพราะวา...	phrór wâa
por qualquer razão	ดวยจุดประสงค์อะไร	dûay jùt bprà-sǒng a-rai
e (tu ~ eu)	และ	láe
ou (ser ~ não ser)	หรือ	rěu
mas (porém)	แต	dtàe
para (~ a minha mãe)	สำหรับ	sǎm-ràp
muito, demais	เกินไป	gern bpai
só, somente	เทานั้น	thâo nán
exatamente	ตรง	dtrorng
cerca de (~ 10 kg)	ประมาณ	bprà-maan
aproximadamente	ประมาณ	bprà-maan
aproximado (adj)	ประมาณ	bprà-maan
quase	เกือบ	gèuap
resto (m)	ที่เหลือ	thêe lěua
o outro (segundo)	อีก	èek
outro (adj)	อื่น	èun
cada (adj)	ทุก	thúk
qualquer (adj)	ใดๆ	dai dai
muitos, muitas	หลาย	lǎai
muito	มาก	mâak
muitas pessoas	หลายคน	lǎai khon
todos	ทุกๆ	thúk thúk
em troca de ...	ที่จะเปลี่ยนเป็น	thêe jà bplìan bpen
em troca	แทน	thaen
à mão	ใชมือ	chái meu
pouco provável	แทบจะไม่	thâep jà mâi
provavelmente	อาจจะ	àat jà
de propósito	โดยเจตนา	doi jàyt-dtà-naa
por acidente	บังเอิญ	bang-ern
muito	มาก	mâak
por exemplo	ยกตัวอย่าง	yók dtua yàang
entre	ระหวาง	rá-wàang
entre (no meio de)	ทามกลาง	tâam-glaang
tanto	มากมาย	mâak maai
especialmente	โดยเฉพาะ	doi chà-phór

NÚMEROS. DIVERSOS

7. Números cardinais. Parte 1

zero	ศูนย์	sŏon
um	หนึ่ง	nèung
dois	สอง	sŏrng
três	สาม	săam
quatro	สี่	sèe
cinco	ห้า	hâa
seis	หก	hòk
sete	เจ็ด	jèt
oito	แปด	bpàet
nove	เกา	gâo
dez	สิบ	sìp
onze	สิบเอ็ด	sìp èt
doze	สิบสอง	sìp sŏrng
treze	สิบสาม	sìp săam
catorze	สิบสี่	sìp sèe
quinze	สิบห้า	sìp hâa
dezesseis	สิบหก	sìp hòk
dezessete	สิบเจ็ด	sìp jèt
dezoito	สิบแปด	sìp bpàet
dezenove	สิบเกา	sìp gâo
vinte	ยี่สิบ	yêe sìp
vinte e um	ยี่สิบเอ็ด	yêe sìp èt
vinte e dois	ยี่สิบสอง	yêe sìp sŏrng
vinte e três	ยี่สิบสาม	yêe sìp săam
trinta	สามสิบ	săam sìp
trinta e um	สามสิบเอ็ด	săam-sìp-èt
trinta e dois	สามสิบสอง	săam-sìp-sŏrng
trinta e três	สามสิบสาม	săam-sìp-săam
quarenta	สี่สิบ	sèe sìp
quarenta e um	สี่สิบเอ็ด	sèe-sìp-èt
quarenta e dois	สี่สิบสอง	sèe-sìp-sŏrng
quarenta e três	สี่สิบสาม	sèe-sìp-săam
cinquenta	ห้าสิบ	hâa sìp
cinquenta e um	ห้าสิบเอ็ด	hâa-sìp-èt
cinquenta e dois	ห้าสิบสอง	hâa-sìp-sŏrng
cinquenta e três	หาสิบสาม	hâa-sìp-săam
sessenta	หกสิบ	hòk sìp
sessenta e um	หกสิบเอ็ด	hòk-sìp-èt

sessenta e dois	หกสิบสอง	hòk-sìp-sŏrng
sessenta e três	หกสิบสาม	hòk-sìp-săam
setenta	เจ็ดสิบ	jèt sìp
setenta e um	เจ็ดสิบเอ็ด	jèt-sìp-èt
setenta e dois	เจ็ดสิบสอง	jèt-sìp-sŏrng
setenta e três	เจ็ดสิบสาม	jèt-sìp-săam
oitenta	แปดสิบ	bpàet sìp
oitenta e um	แปดสิบเอ็ด	bpàet-sìp-èt
oitenta e dois	แปดสิบสอง	bpàet-sìp-sŏrng
oitenta e três	แปดสิบสาม	bpàet-sìp-săam
noventa	เก้าสิบ	gâo sìp
noventa e um	เก้าสิบเอ็ด	gâo-sìp-èt
noventa e dois	เก้าสิบสอง	gâo-sìp-sŏrng
noventa e três	เก้าสิบสาม	gâo-sìp-săam

8. Números cardinais. Parte 2

cem	หนึ่งร้อย	nèung rói
duzentos	สองร้อย	sŏrng rói
trezentos	สามร้อย	săam rói
quatrocentos	สี่ร้อย	sèe rói
quinhentos	ห้าร้อย	hâa rói
seiscentos	หกร้อย	hòk rói
setecentos	เจ็ดร้อย	jèt rói
oitocentos	แปดร้อย	bpàet rói
novecentos	เก้าร้อย	gâo rói
mil	หนึ่งพัน	nèung phan
dois mil	สองพัน	sŏrng phan
três mil	สามพัน	săam phan
dez mil	หนึ่งหมื่น	nèung mèun
cem mil	หนึ่งแสน	nèung săen
um milhão	ล้าน	láan
um bilhão	พันล้าน	phan láan

9. Números ordinais

primeiro (adj)	แรก	râek
segundo (adj)	ที่สอง	thêe sŏrng
terceiro (adj)	ที่สาม	thêe săam
quarto (adj)	ที่สี่	thêe sèe
quinto (adj)	ที่ห้า	thêe hâa
sexto (adj)	ที่หก	thêe hòk
sétimo (adj)	ที่เจ็ด	thêe jèt
oitavo (adj)	ที่แปด	thêe bpàet
nono (adj)	ที่เก้า	thêe gâo
décimo (adj)	ที่สิบ	thêe sìp

CORES. UNIDADES DE MEDIDA

10. Cores

cor (f)	สี	sěe
tom (m)	สีอ่อน	sěe òrn
tonalidade (m)	สีสัน	sěe sǎn
arco-íris (m)	สายรุ้ง	sǎai rúng
branco (adj)	สีขาว	sěe khǎao
preto (adj)	สีดำ	sěe dam
cinza (adj)	สีเทา	sěe thao
verde (adj)	สีเขียว	sěe khǐeow
amarelo (adj)	สีเหลือง	sěe lěuang
vermelho (adj)	สีแดง	sěe daeng
azul (adj)	สีน้ำเงิน	sěe nám ngern
azul claro (adj)	สีฟ้า	sěe fáa
rosa (adj)	สีชมพู	sěe chom-poo
laranja (adj)	สีส้ม	sěe sôm
violeta (adj)	สีม่วง	sěe mûang
marrom (adj)	สีน้ำตาล	sěe nám dtaan
dourado (adj)	สีทอง	sěe thorng
prateado (adj)	สีเงิน	sěe ngern
bege (adj)	สีน้ำตาลอ่อน	sěe nám dtaan òrn
creme (adj)	สีครีม	sěe khreem
turquesa (adj)	สีเขียวแกมน้ำเงิน	sěe khǐeow gaem náam ngern
vermelho cereja (adj)	สีแดงเชอร์รี่	sěe daeng cher-rêe
lilás (adj)	สีม่วงอ่อน	sěe mûang-òrn
carmim (adj)	สีแดงเข้ม	sěe daeng khâym
claro (adj)	อ่อน	òrn
escuro (adj)	แก่	gàe
vivo (adj)	สด	sòt
de cor	สี	sěe
a cores	สี	sěe
preto e branco (adj)	ขาวดำ	khǎao-dam
unicolor (de uma só cor)	สีเดียว	sěe dieow
multicolor (adj)	หลากสี	làak sěe

11. Unidades de medida

peso (m)	น้ำหนัก	nám nàk
comprimento (m)	ความยาว	khwaam yaao

largura (f)	ความกว้าง	khwaam gwâang
altura (f)	ความสูง	khwaam sŏong
profundidade (f)	ความลึก	khwaam léuk
volume (m)	ปริมาณ	bpà-rí-maan
área (f)	บริเวณ	bor-rí-wayn
grama (m)	กรัม	gram
miligrama (m)	มิลลิกรัม	min-lí gram
quilograma (m)	กิโลกรัม	gì-loh gram
tonelada (f)	ตัน	dtan
libra (453,6 gramas)	ปอนด์	bporn
onça (f)	ออนซ์	orn
metro (m)	เมตร	máyt
milímetro (m)	มิลลิเมตร	min-lí mâyt
centímetro (m)	เซ็นติเมตร	sen dtì mâyt
quilômetro (m)	กิโลเมตร	gì-loh máyt
milha (f)	ไมล์	mai
polegada (f)	นิ้ว	níw
pé (304,74 mm)	ฟุต	fút
jarda (914,383 mm)	หลา	lăa
metro (m) quadrado	ตารางเมตร	dtaa-raang máyt
hectare (m)	เฮกตาร์	hêek dtaa
litro (m)	ลิตร	lít
grau (m)	องศา	ong-săa
volt (m)	โวลต์	wohn
ampère (m)	แอมแปร์	aem-bpae
cavalo (m) de potência	แรงม้า	raeng máa
quantidade (f)	จำนวน	jam-nuan
um pouco de …	นิดน่อย	nít nói
metade (f)	ครึ่ง	khrêung
dúzia (f)	โหล	lŏh
peça (f)	ส่วน	sùan
tamanho (m), dimensão (f)	ขนาด	khà-nàat
escala (f)	มาตราส่วน	mâat-dtraa sùan
mínimo (adj)	น้อยที่สุด	nói thêe sùt
menor, mais pequeno	เล็กที่สุด	lék thêe sùt
médio (adj)	กลาง	glaang
máximo (adj)	สูงสุด	sŏong sùt
maior, mais grande	ใหญ่ที่สุด	yài têe sùt

12. Recipientes

pote (m) de vidro	ขวดโหล	khùat lŏh
lata (~ de cerveja)	กระป๋อง	grà-bpŏrng
balde (m)	ถัง	thăng
barril (m)	ถัง	thăng
bacia (~ de plástico)	กะทะ	gà-thá

tanque (m)	ถังเก็บน้ำ	thăng gèp nám
cantil (m) de bolso	กระติกน้ำ	grà-dtìk nám
galão (m) de gasolina	ภาชนะ	phaa-chá-ná
cisterna (f)	ถังบรรจุ	thăng ban-jù
caneca (f)	แก้ว	gâew
xícara (f)	ถ้วย	thûay
pires (m)	จานรอง	jaan rorng
copo (m)	แก้ว	gâew
taça (f) de vinho	แก้วไวน์	gâew wai
panela (f)	หม้อ	môr
garrafa (f)	ขวด	khùat
gargalo (m)	ปาก	bpàak
jarra (f)	คนโท	khon-thoh
jarro (m)	เหยือก	yèuak
recipiente (m)	ภาชนะ	phaa-chá-ná
pote (m)	หม้อ	môr
vaso (m)	แจกัน	jae-gan
frasco (~ de perfume)	กระติก	grà-dtìk
frasquinho (m)	ขวดเล็ก	khùat lék
tubo (m)	หลอด	lòrt
saco (ex. ~ de açúcar)	ถุง	thŭng
sacola (~ plastica)	ถุง	thŭng
maço (de cigarros, etc.)	ซอง	sorng
caixa (~ de sapatos, etc.)	กล่อง	glòrng
caixote (~ de madeira)	ลัง	lang
cesto (m)	ตะกร้า	dtà-grâa

VERBOS PRINCIPAIS

13. Os verbos mais importantes. Parte 1

abrir (vt)	เปิด	bpèrt
acabar, terminar (vt)	จบ	jòp
aconselhar (vt)	แนะนำ	náe nam
adivinhar (vt)	คาดเดา	khâat dao
advertir (vt)	เตือน	dteuan
ajudar (vt)	ช่วย	chûay
almoçar (vi)	ทานอาหารเที่ยง	thaan aa-hǎan thîang
alugar (~ um apartamento)	เช่า	châo
amar (pessoa)	รัก	rák
ameaçar (vt)	ขู่	khòo
anotar (escrever)	จด	jòt
apressar-se (vr)	รีบ	rêep
arrepender-se (vr)	เสียใจ	sǐa jai
assinar (vt)	ลงนาม	long naam
brincar (vi)	ล้อเล่น	lór lên
brincar, jogar (vi, vt)	เล่น	lên
buscar (vt)	หา	hǎa
caçar (vi)	ล่า	lâa
cair (vi)	ตก	dtòk
cavar (vt)	ขุด	khùt
chamar (~ por socorro)	เรียก	rîak
chegar (vi)	มา	maa
chorar (vi)	ร้องไห้	rórng hâi
começar (vt)	เริ่ม	rêrm
comparar (vt)	เปรียบเทียบ	bprìap thîap
concordar (dizer "sim")	เห็นด้วย	hěn dûay
confiar (vt)	เชื่อ	chêua
confundir (equivocar-se)	สับสน	sàp sǒn
conhecer (vt)	รู้จัก	róo jàk
contar (fazer contas)	นับ	náp
contar com ...	พึ่งพา	phêung phaa
continuar (vt)	ทำต่อไป	tham dtòr bpai
controlar (vt)	ควบคุม	khûap khum
convidar (vt)	เชิญ	chern
correr (vi)	วิ่ง	wîng
criar (vt)	สร้าง	sâang
custar (vt)	ราคา	raa-khaa

14. Os verbos mais importantes. Parte 2

dar (vt)	ให้	hâi
dar uma dica	บอกใบ้	bòrk bâi
decorar (enfeitar)	ประดับ	bprà-dàp
defender (vt)	ปกป้อง	bpòk bpôrng
deixar cair (vt)	ทิ้งให้ตก	thíng hâi dtòk
descer (para baixo)	ลง	long
desculpar (vt)	ให้อภัย	hâi a-phai
desculpar-se (vr)	ขอโทษ	khŏr thôht
dirigir (~ uma empresa)	บริหาร	bor-rí-hăan
discutir (notícias, etc.)	หารือ	hăa-reu
disparar, atirar (vi)	ยิง	ying
dizer (vt)	บอก	bòrk
duvidar (vt)	สงสัย	sŏng-săi
encontrar (achar)	พบ	phóp
enganar (vt)	หลอก	lòrk
entender (vt)	เข้าใจ	khâo jai
entrar (na sala, etc.)	เข้า	khâo
enviar (uma carta)	ส่ง	sòng
errar (enganar-se)	ทำผิด	tham phìt
escolher (vt)	เลือก	lêuak
esconder (vt)	ซ่อน	sôrn
escrever (vt)	เขียน	khĭan
esperar (aguardar)	รอ	ror
esperar (ter esperança)	หวัง	wăng
esquecer (vt)	ลืม	leum
estudar (vt)	เรียน	rian
exigir (vt)	เรียกร้อง	rîak rórng
existir (vi)	มีอยู่	mee yòo
explicar (vt)	อธิบาย	à-thí-baai
falar (vi)	พูด	phôot
faltar (a la escuela, etc.)	พลาด	phlâat
fazer (vt)	ทำ	tham
ficar em silêncio	นิ่งเงียบ	nîng ngîap
gabar-se (vr)	โอ้อวด	ôh ùat
gostar (apreciar)	ชอบ	chôrp
gritar (vi)	ตะโกน	dtà-gohn
guardar (fotos, etc.)	รักษา	rák-săa
informar (vt)	แจ้ง	jâeng
insistir (vi)	ยืนยัน	yeun yan
insultar (vt)	ดูถูก	doo thòok
interessar-se (vr)	สนใจใน	sŏn jai nai
ir (a pé)	ไป	bpai
ir nadar	ไปว่ายน้ำ	bpai wâai náam
jantar (vi)	ทานอาหารเย็น	thaan aa-hăan yen

15. Os verbos mais importantes. Parte 3

ler (vt)	อ่าน	àan
libertar, liberar (vt)	ปลดปล่อย	bplòt bplòi
matar (vt)	ฆ่า	khâa
mencionar (vt)	กล่าวถึง	glàao thěung
mostrar (vt)	แสดง	sà-daeng
mudar (modificar)	เปลี่ยน	bplìan
nadar (vi)	ว่ายน้ำ	wâai náam
negar-se a … (vr)	ปฏิเสธ	bpà-dtì-sàyt
objetar (vt)	ค้าน	kháan
observar (vt)	สังเกตการณ์	sǎng-gàyt gaan
ordenar (mil.)	สั่งการ	sàng gaan
ouvir (vt)	ได้ยิน	dâai yin
pagar (vt)	จ่าย	jàai
parar (vi)	หยุด	yùt
parar, cessar (vt)	หยุด	yùt
participar (vi)	มีส่วนร่วม	mee sùan rûam
pedir (comida, etc.)	สั่ง	sàng
pedir (um favor, etc.)	ขอ	khǒr
pegar (tomar)	เอา	ao
pegar (uma bola)	จับ	jàp
pensar (vi, vt)	คิด	khít
perceber (ver)	สังเกต	sǎng-gàyt
perdoar (vt)	ให้อภัย	hâi a-phai
perguntar (vt)	ถาม	thǎam
permitir (vt)	อนุญาต	a-nú-yâat
pertencer a … (vi)	เป็นของของ...	bpen khǒrng khǒrng...
planejar (vt)	วางแผน	waang phǎen
poder (~ fazer algo)	สามารถ	sǎa-mâat
possuir (uma casa, etc.)	เป็นเจ้าของ	bpen jâo khǒrng
preferir (vt)	ชอบ	chôrp
preparar (vt)	ทำอาหาร	tham aa-hǎan
prever (vt)	คาดหวัง	khâat wǎng
prometer (vt)	สัญญา	sǎn-yaa
pronunciar (vt)	ออกเสียง	òrk sǐang
propor (vt)	เสนอ	sà-něr
punir (castigar)	ลงโทษ	long thôht
quebrar (vt)	แตก	dtàek
queixar-se de …	บ่น	bòn
querer (desejar)	ต้องการ	dtôrng gaan

16. Os verbos mais importantes. Parte 4

ralhar, repreender (vt)	ดุด่า	dù dàa
recomendar (vt)	แนะนำ	náe nam

repetir (dizer outra vez)	ซ้ำ	sám
reservar (~ um quarto)	จอง	jorng
responder (vt)	ตอบ	dtòrp
rezar, orar (vi)	ภาวนา	phaa-wá-naa
rir (vi)	หัวเราะ	hŭa rór
roubar (vt)	ขโมย	khà-moi
saber (vt)	รู้	róo
sair (~ de casa)	ออกไป	òrk bpai
salvar (resgatar)	กู้	gôo
seguir (~ alguém)	ไปตาม...	bpai dtaam...
sentar-se (vr)	นั่ง	nâng
ser necessário	ต้องการ	dtôrng gaan
ser, estar	เป็น	bpen
significar (vt)	หมาย	măai
sorrir (vi)	ยิ้ม	yím
subestimar (vt)	ดูถูก	doo thòok
surpreender-se (vr)	ประหลาดใจ	bprà-làat jai
tentar (~ fazer)	พยายาม	phá-yaa-yaam
ter (vt)	มี	mee
ter fome	หิว	hĭw
ter medo	กลัว	glua
ter sede	กระหายน้ำ	grà-hăai náam
tocar (com as mãos)	แตะต้อง	dtàe dtôrng
tomar café da manhã	ทานอาหารเช้า	thaan aa-hăan cháo
trabalhar (vi)	ทำงาน	tham ngaan
traduzir (vt)	แปล	bplae
unir (vt)	สมาน	sà-măan
vender (vt)	ขาย	khăai
ver (vt)	เห็น	hĕn
virar (~ para a direita)	เลี้ยว	líeow
voar (vi)	บิน	bin

TEMPO. CALENDÁRIO

17. Dias da semana

segunda-feira (f)	วันจันทร์	wan jan
terça-feira (f)	วันอังคาร	wan ang-khaan
quarta-feira (f)	วันพุธ	wan phút
quinta-feira (f)	วันพฤหัสบดี	wan phá-réu-hàt-sà-bor-dee
sexta-feira (f)	วันศุกร์	wan sùk
sábado (m)	วันเสาร์	wan são
domingo (m)	วันอาทิตย์	wan aa-thít
hoje	วันนี้	wan née
amanhã	พรุ่งนี้	phrûng-née
depois de amanhã	วันมะรืนนี้	wan má-reun née
ontem	เมื่อวานนี้	mêua waan née
anteontem	เมื่อวานซืนนี้	mêua waan-seun née
dia (m)	วัน	wan
dia (m) de trabalho	วันทำงาน	wan tham ngaan
feriado (m)	วันนักขัตฤกษ์	wan nák-khàt-rêrk
dia (m) de folga	วันหยุด	wan yùt
fim (m) de semana	วันสุดสัปดาห์	wan sùt sàp-daa
o dia todo	ทั้งวัน	tháng wan
no dia seguinte	วันรุ่งขึ้น	wan rûng khêun
há dois dias	สองวันก่อน	sŏrng wan gòrn
na véspera	วันก่อนหน้านี้	wan gòrn nâa née
diário (adj)	รายวัน	raai wan
todos os dias	ทุกวัน	thúk wan
semana (f)	สัปดาห์	sàp-daa
na semana passada	สัปดาห์ก่อน	sàp-daa gòrn
semana que vem	สัปดาห์หน้า	sàp-daa nâa
semanal (adj)	รายสัปดาห์	raai sàp-daa
toda semana	ทุกสัปดาห์	thúk sàp-daa
duas vezes por semana	สัปดาห์ละสองครั้ง	sàp-daa lá sŏrng khráng
toda terça-feira	ทุกวันอังคาร	túk wan ang-khaan

18. Horas. Dia e noite

manhã (f)	เช้า	cháo
de manhã	ตอนเช้า	dtorn cháo
meio-dia (m)	เที่ยงวัน	thîang wan
à tarde	ตอนบ่าย	dtorn bàai
tardinha (f)	เย็น	yen
à tardinha	ตอนเย็น	dtorn yen

noite (f)	คืน	kheun
à noite	กลางคืน	glaang kheun
meia-noite (f)	เที่ยงคืน	thîang kheun

segundo (m)	วินาที	wí-naa-thee
minuto (m)	นาที	naa-thee
hora (f)	ชั่วโมง	chûa mohng
meia hora (f)	ครึ่งชั่วโมง	khrêung chûa mohng
quarto (m) de hora	สิบห้านาที	sìp hâa naa-thee
quinze minutos	สิบห้านาที	sìp hâa naa-thee
vinte e quatro horas	24 ชั่วโมง	yêe sìp sèe · chûa mohng

nascer (m) do sol	พระอาทิตย์ขึ้น	phrá aa-thít khêun
amanhecer (m)	ใกล้รุ่ง	glâi rûng
madrugada (f)	เช้า	cháo
pôr-do-sol (m)	พระอาทิตย์ตก	phrá aa-thít dtòk

de madrugada	ตอนเช้า	dtorn cháo
esta manhã	เช้านี้	cháo née
amanhã de manhã	พรุ่งนี้เช้า	phrûng-née cháo

esta tarde	บ่ายนี้	bàai née
à tarde	ตอนบ่าย	dtorn bàai
amanhã à tarde	พรุ่งนี้บ่าย	phrûng-née bàai

esta noite, hoje à noite	คืนนี้	kheun née
amanhã à noite	คืนพรุ่งนี้	kheun phrûng-née

às três horas em ponto	3 โมงตรง	săam mohng dtrorng
por volta das quatro	ประมาณ 4 โมง	bprà-maan sèe mohng
às doze	ภายใน 12 โมง	phaai nai sìp sŏng mohng

em vinte minutos	อีก 20 นาที	èek yêe sìp naa-thee
em uma hora	อีกหนึ่งชั่วโมง	èek nèung chûa mohng
a tempo	ทันเวลา	than way-laa

... um quarto para	อีกสิบห้านาที	èek sìp hâa naa-thee
dentro de uma hora	ภายในหนึ่งชั่วโมง	phaai nai nèung chûa mohng
a cada quinze minutos	ทุก 15 นาที	thúk sìp hâa naa-thee
as vinte e quatro horas	ทั้งวัน	tháng wan

19. Meses. Estações

janeiro (m)	มกราคม	mók-gà-raa khom
fevereiro (m)	กุมภาพันธ์	gum-phaa phan
março (m)	มีนาคม	mee-naa khom
abril (m)	เมษายน	may-săa-yon
maio (m)	พฤษภาคม	phréut-sà-phaa khom
junho (m)	มิถุนายน	mí-thù-naa-yon

julho (m)	กรกฎาคม	gà-rá-gà-daa-khom
agosto (m)	สิงหาคม	sĭng hăa khom
setembro (m)	กันยายน	gan-yaa-yon
outubro (m)	ตุลาคม	dtù-laa khom

novembro (m)	พฤศจิกายน	phréut-sà-jì-gaa-yon
dezembro (m)	ธันวาคม	than-waa khom
primavera (f)	ฤดูใบไม้ผลิ	réu-doo bai máai phlì
na primavera	ฤดูใบไม้ผลิ	réu-doo bai máai phlì
primaveril (adj)	ฤดูใบไม้ผลิ	réu-doo bai máai phlì
verão (m)	ฤดูร้อน	réu-doo rórn
no verão	ฤดูร้อน	réu-doo rórn
de verão	ฤดูร้อน	réu-doo rórn
outono (m)	ฤดูใบไม้ร่วง	réu-doo bai máai rûang
no outono	ฤดูใบไม้ร่วง	réu-doo bai máai rûang
outonal (adj)	ฤดูใบไม้ร่วง	réu-doo bai máai rûang
inverno (m)	ฤดูหนาว	réu-doo năao
no inverno	ฤดูหนาว	réu-doo năao
de inverno	ฤดูหนาว	réu-doo năao
mês (m)	เดือน	deuan
este mês	เดือนนี้	deuan née
mês que vem	เดือนหน้า	deuan nâa
no mês passado	เดือนที่แล้ว	deuan thêe láew
um mês atrás	หนึ่งเดือนก่อนหน้านี้	nèung deuan gòrn nâa née
em um mês	อีกหนึ่งเดือน	èek nèung deuan
em dois meses	อีกสองเดือน	èek sŏrng deuan
todo o mês	ทั้งเดือน	tháng deuan
um mês inteiro	ตลอดทั้งเดือน	dtà-lòrt tháng deuan
mensal (adj)	รายเดือน	raai deuan
mensalmente	ทุกเดือน	thúk deuan
todo mês	ทุกเดือน	thúk deuan
duas vezes por mês	เดือนละสองครั้ง	deuan lá sŏrng kráng
ano (m)	ปี	bpee
este ano	ปีนี้	bpee née
ano que vem	ปีหน้า	bpee nâa
no ano passado	ปีที่แล้ว	bpee thêe láew
há um ano	หนึ่งปีก่อน	nèung bpee gòrn
em um ano	อีกหนึ่งปี	èek nèung bpee
dentro de dois anos	อีกสองปี	èek sŏng bpee
todo o ano	ทั้งปี	tháng bpee
um ano inteiro	ตลอดทั้งปี	dtà-lòrt tháng bpee
cada ano	ทุกปี	thúk bpee
anual (adj)	รายปี	raai bpee
anualmente	ทุกปี	thúk bpee
quatro vezes por ano	ปีละสี่ครั้ง	bpee lá sèe khráng
data (~ de hoje)	วันที่	wan thêe
data (ex. ~ de nascimento)	วันเดือนปี	wan deuan bpee
calendário (m)	ปฏิทิน	bpà-dtì-thin
meio ano	ครึ่งปี	khrêung bpee
seis meses	หกเดือน	hòk deuan

estação (f)	**ฤดูกาล**	réu-doo gaan
século (m)	**ศตวรรษ**	sà-dtà-wát

VIAGENS. HOTEL

20. Viagens

turismo (m)	การท่องเที่ยว	gaan thôrng thîeow
turista (m)	นักท่องเที่ยว	nák thôrng thîeow
viagem (f)	การเดินทาง	gaan dern thaang
aventura (f)	การผจญภัย	gaan phà-jon phai
percurso (curta viagem)	การเดินทาง	gaan dern thaang
férias (f pl)	วันหยุดพักผ่อน	wan yùt phák phòrn
estar de férias	หยุดพักผ่อน	yùt phák phòrn
descanso (m)	การพัก	gaan phák
trem (m)	รถไฟ	rót fai
de trem (chegar ~)	โดยรถไฟ	doi rót fai
avião (m)	เครื่องบิน	khrêuang bin
de avião	โดยเครื่องบิน	doi khrêuang bin
de carro	โดยรถยนต์	doi rót-yon
de navio	โดยเรือ	doi reua
bagagem (f)	สัมภาระ	săm-phaa-rá
mala (f)	กระเป๋าเดินทาง	grà-bpăo dern-thaang
carrinho (m)	รถขนสัมภาระ	rót khŏn săm-phaa-rá
passaporte (m)	หนังสือเดินทาง	năng-sĕu dern-thaang
visto (m)	วีซ่า	wee-sâa
passagem (f)	ตั๋ว	dtŭa
passagem (f) aérea	ตั๋วเครื่องบิน	dtŭa khrêuang bin
guia (m) de viagem	หนังสือแนะนำ	năng-sĕu náe nam
mapa (m)	แผนที่	phăen thêe
área (f)	เขต	khàyt
lugar (m)	สถานที่	sà-thăan thêe
exotismo (m)	สิ่งแปลกใหม่	sìng bplàek mài
exótico (adj)	ต่างแดน	dtàang daen
surpreendente (adj)	น่าประหลาดใจ	nâa bprà-làat jai
grupo (m)	กลุ่ม	glùm
excursão (f)	การเดินทางท่องเที่ยว	gaan dern taang thôrng thîeow
guia (m)	มัคคุเทศก์	mák-khú-thâyt

21. Hotel

hospedaria (f)	โรงแรม	rohng raem
motel (m)	โรงแรม	rohng raem

três estrelas	สามดาว	săam daao
cinco estrelas	หาดาว	hâa daao
ficar (vi, vt)	พัก	phák
quarto (m)	ห้อง	hôrng
quarto (m) individual	ห้องเดี่ยว	hôrng dìeow
quarto (m) duplo	หองคู	hôrng khôo
reservar um quarto	จองหอง	jorng hôrng
meia pensão (f)	พักครึ่งวัน	phák khrêung wan
pensão (f) completa	พักเต็มวัน	phák dtem wan
com banheira	มีห้องอาบน้ำ	mee hôrng àap náam
com chuveiro	มีฝักบัว	mee fàk bua
televisão (m) por satélite	โทรทัศน์ดาวเทียม	thoh-rá-thát daao thiam
ar (m) condicionado	เครื่องปรับอากาศ	khrêuang bpràp-aa-gàat
toalha (f)	ผาเช็ดตัว	phâa chét dtua
chave (f)	กุญแจ	gun-jae
administrador (m)	นักบริหาร	nák bor-rí-hăan
camareira (f)	แมบาน	mâe bâan
bagageiro (m)	พนักงานขนกระเป๋า	phá-nák ngaan khŏn grà-bpăo
porteiro (m)	พนักงานเปิดประตู	phá-nák ngaan bpèrt bprà-dtoo
restaurante (m)	ร้านอาหาร	ráan aa-hăan
bar (m)	บาร์	baa
café (m) da manhã	อาหารเช้า	aa-hăan cháo
jantar (m)	อาหารเย็น	aa-hăan yen
bufê (m)	บุฟเฟต์	bùf-fây
saguão (m)	ล็อบบี้	lórp-bêe
elevador (m)	ลิฟต์	líf
NÃO PERTURBE	ห้ามรบกวน	hâam róp guan
PROIBIDO FUMAR!	หามสูบบุหรี่	hâam sòop bù rèe

22. Turismo

monumento (m)	อนุสาวรีย์	a-nú-săa-wá-ree
fortaleza (f)	ปอม	bpôrm
palácio (m)	วัง	wang
castelo (m)	ปราสาท	bpraa-sàat
torre (f)	หอ	hŏr
mausoléu (m)	สุสาน	sù-săan
arquitetura (f)	สถาปัตยกรรม	sà-thăa-bpàt-dtà-yá-gam
medieval (adj)	ยุคกลาง	yúk glaang
antigo (adj)	โบราณ	boh-raan
nacional (adj)	แหงชาติ	hàeng châat
famoso, conhecido (adj)	ที่มีชื่อเสียง	thêe mee chêu-sĭang
turista (m)	นักทองเที่ยว	nák thôrng thîeow
guia (pessoa)	มัคคุเทศก์	mák-khú-thâyt

excursão (f)	ทัศนศึกษา	thát-sà-ná-sèuk-sǎa
mostrar (vt)	แสดง	sà-daeng
contar (vt)	เล่า	lâo
encontrar (vt)	หาพบ	hǎa phóp
perder-se (vr)	หลงทาง	lǒng thaang
mapa (~ do metrô)	แผนที่	phǎen thêe
mapa (~ da cidade)	แผนที่	phǎen thêe
lembrança (f), presente (m)	ของที่ระลึก	khǒrng thêe rá-léuk
loja (f) de presentes	ร้านขาย ของที่ระลึก	ráan khǎai khǒrng thêe rá-léuk
tirar fotos, fotografar	ถ่ายภาพ	thàai phâap
fotografar-se (vr)	ได้รับการ ถ่ายภาพให้	dâai ráp gaan thàai phâap hâi

TRANSPORTES

23. Aeroporto

aeroporto (m)	สนามบิน	sà-năam bin
avião (m)	เครื่องบิน	khrêuang bin
companhia (f) aérea	สายการบิน	săai gaan bin
controlador (m) de tráfego aéreo	เจ้าหน้าที่ควบคุม จราจรทางอากาศ	jâo nâa-thêe khûap khum jà-raa-jon thaang aa-gàat
partida (f)	การออกเดินทาง	gaan òrk dern thaang
chegada (f)	การมาถึง	gaan maa thĕung
chegar (vi)	มาถึง	maa thĕung
hora (f) de partida	เวลาขาไป	way-laa khăa bpai
hora (f) de chegada	เวลามาถึง	way-laa maa thĕung
estar atrasado	ถูกเลื่อน	thòok lêuan
atraso (m) de voo	เลื่อนเที่ยวบิน	lêuan thieow bin
painel (m) de informação	กระดานแสดง ข้อมูล	grà daan sà-daeng khôr moon
informação (f)	ข้อมูล	khôr moon
anunciar (vt)	ประกาศ	bprà-gàat
voo (m)	เที่ยวบิน	thîeow bin
alfândega (f)	ศุลกากร	sŭn-lá-gaa-gon
funcionário (m) da alfândega	เจ้าหน้าที่ศุลกากร	jâo nâa-thêe sŭn-lá-gaa-gon
declaração (f) alfandegária	แบบฟอร์มการเสีย ภาษีศุลกากร	bàep form gaan sĭa phaa-sĕe sŭn-lá-gaa-gon
preencher (vt)	กรอก	gròrk
preencher a declaração	กรอกแบบฟอร์ม การเสียภาษี	gròrk bàep form gaan sĭa paa-sĕe
controle (m) de passaporte	จุดตรวจหนังสือ เดินทาง	jùt dtrùat năng-sĕu dern-thaang
bagagem (f)	สัมภาระ	săm-phaa-rá
bagagem (f) de mão	กระเป๋าถือ	grà-bpăo thĕu
carrinho (m)	รถขนสัมภาระ	rót khŏn săm-phaa-rá
pouso (m)	การลงจอด	gaan long jòrt
pista (f) de pouso	ลานบินลงจอด	laan bin long jòrt
aterrissar (vi)	ลงจอด	long jòrt
escada (f) de avião	ทางขึ้นลง เครื่องบิน	thaang khêun long khrêuang bin
check-in (m)	การเช็คอิน	gaan chék in
balcão (m) do check-in	เคาน์เตอร์เช็คอิน	khao-dtêr chék in
fazer o check-in	เช็คอิน	chék in

cartão (m) de embarque	บัตรที่นั่ง	bàt thêe nâng
portão (m) de embarque	ชองเขา	chôrng khâo
trânsito (m)	การต่อเที่ยวบิน	gaan tòr thîeow bin
esperar (vi, vt)	รอ	ror
sala (f) de espera	ห้องผู้โดยสารขาออก	hôrng phôo doi săan khăa òk
despedir-se (acompanhar)	ไปสง	bpai sòng
despedir-se (dizer adeus)	บอกลา	bòrk laa

24. Avião

avião (m)	เครื่องบิน	khrêuang bin
passagem (f) aérea	ตั๋วเครื่องบิน	dtŭa khrêuang bin
companhia (f) aérea	สายการบิน	săai gaan bin
aeroporto (m)	สนามบิน	sà-năam bin
supersônico (adj)	ความเร็วเหนือเสียง	khwaam reo nĕua-sĭang
comandante (m) do avião	กัปตัน	gàp dtan
tripulação (f)	ลูกเรือ	lôok reua
piloto (m)	นักบิน	nák bin
aeromoça (f)	พนักงานต้อนรับ บนเครื่องบิน	phá-nák ngaan dtôrn ráp bon khrêuang bin
copiloto (m)	ต้นหน	dtôn hŏn
asas (f pl)	ปีก	bpèek
cauda (f)	หาง	hăang
cabine (f)	ห้องนักบิน	hôrng nák bin
motor (m)	เครื่องยนต์	khrêuang yon
trem (m) de pouso	โครงส่วนล่าง ของเครื่องบิน	khrorng sùan lâang khŏrng khrêuang bin
turbina (f)	กังหัน	gang-hăn
hélice (f)	ใบพัด	bai phát
caixa-preta (f)	กลองดำ	glòrng dam
coluna (f) de controle	คันบังคับ	khan bang-kháp
combustível (m)	เชื้อเพลิง	chéua phlerng
instruções (f pl) de segurança	คู่มือความปลอดภัย	khôo meu khwaam bplòt phai
máscara (f) de oxigênio	หน้ากากอ็อกซิเจน	nâa gàak ók sí jayn
uniforme (m)	เครื่องแบบ	khrêuang bàep
colete (m) salva-vidas	เสื้อชูชีพ	sêua choo chêep
paraquedas (m)	รมชูชีพ	rôm choo chêep
decolagem (f)	การบินขึ้น	gaan bin khêun
descolar (vi)	บินขึ้น	bin khêun
pista (f) de decolagem	ทางวิ่งเครื่องบิน	thaang wîng khrêuang bin
visibilidade (f)	ทัศนวิสัย	thát sá ná wí-săi
voo (m)	การบิน	gaan bin
altura (f)	ความสูง	khwaam sŏong
poço (m) de ar	หลุมอากาศ	lŭm aa-gàat
assento (m)	ที่นั่ง	thêe nâng
fone (m) de ouvido	หูฟัง	hŏo fang

mesa (f) retrátil	ถาดพับเก็บได้	thàat pháp gèp dâai
janela (f)	หน้าต่างเครื่องบิน	nâa dtàang khrêuang bin
corredor (m)	ทางเดิน	thaang dern

25. Comboio

trem (m)	รถไฟ	rót fai
trem (m) elétrico	รถไฟชานเมือง	rót fai chaan meuang
trem (m)	รถไฟด่วน	rót fai dùan
locomotiva (f) diesel	รถจักรดีเซล	rót jàk dee-sayn
locomotiva (f) a vapor	รถจักรไอน้ำ	rót jàk ai náam
vagão (f) de passageiros	ตู้โดยสาร	dtôo doi sǎan
vagão-restaurante (m)	ตู้เสบียง	dtôo sà-biang
carris (m pl)	รางรถไฟ	raang rót fai
estrada (f) de ferro	ทางรถไฟ	thaang rót fai
travessa (f)	หมอนรองราง	mǒrn rorng raang
plataforma (f)	ชานชลา	chaan-chá-laa
linha (f)	ราง	raang
semáforo (m)	ไฟสัญญาณรถไฟ	fai sǎn-yaan rót fai
estação (f)	สถานี	sà-thǎa-nee
maquinista (m)	คนขับรถไฟ	khon khàp rót fai
bagageiro (m)	พนักงานยกกระเป๋า	phá-nák ngaan yók grà-bpǎo
hospedeiro, -a (m, f)	พนักงานรถไฟ	phá-nák ngaan rót fai
passageiro (m)	ผู้โดยสาร	phôo doi sǎan
revisor (m)	พนักงานตรวจตั๋ว	phá-nák ngaan dtrùat dtǔa
corredor (m)	ทางเดิน	thaang dern
freio (m) de emergência	เบรคฉุกเฉิน	bràyk chùk-chěrn
compartimento (m)	ตู้นอน	dtôo norn
cama (f)	เตียง	dtiang
cama (f) de cima	เตียงบน	dtiang bon
cama (f) de baixo	เตียงล่าง	dtiang lâang
roupa (f) de cama	ชุดเครื่องนอน	chút khrêuang norn
passagem (f)	ตั๋ว	dtǔa
horário (m)	ตารางเวลา	dtaa-raang way-laa
painel (m) de informação	กระดานแสดงข้อมูล	grà daan sà-daeng khôr moon
partir (vt)	ออกเดินทาง	òrk dern thaang
partida (f)	การออกเดินทาง	gaan òrk dern thaang
chegar (vi)	มาถึง	maa thěung
chegada (f)	การมาถึง	gaan maa thěung
chegar de trem	มาถึงโดยรถไฟ	maa thěung doi rót fai
pegar o trem	ขึ้นรถไฟ	khêun rót fai
descer de trem	ลงจากรถไฟ	long jàak rót fai
acidente (m) ferroviário	รถไฟตกราง	rót fai dtòk raang
descarrilar (vi)	ตกราง	dtòk raang

locomotiva (f) a vapor	หัวรถจักรไอน้ำ	hŭa rót jàk ai náam
foguista (m)	คนควบคุมเตาไฟ	khon khûap khum dtao fai
fornalha (f)	เตาไฟ	dtao fai
carvão (m)	ถ่านหิน	thàan hĭn

26. Barco

navio (m)	เรือ	reua
embarcação (f)	เรือ	reua
barco (m) a vapor	เรือจักรไอน้ำ	reua jàk ai náam
barco (m) fluvial	เรือล่องแม่น้ำ	reua lông mâe náam
transatlântico (m)	เรือเดินสมุทร	reua dern sà-mùt
cruzeiro (m)	เรือลาดตระเวน	reua lâat dtrà-wayn
iate (m)	เรือยอชต์	reua yôt
rebocador (m)	เรือลากจูง	reua lâak joong
barcaça (f)	เรือบรรทุก	reua ban-thúk
ferry (m)	เรือข้ามฟาก	reua khâam fâak
veleiro (m)	เรือใบ	reua bai
bergantim (m)	เรือใบสองเสากระโดง	reua bai sŏrng săo grà-dohng
quebra-gelo (m)	เรือตัดน้ำแข็ง	reua dtàt náam khăeng
submarino (m)	เรือดำน้ำ	reua dam náam
bote, barco (m)	เรือพาย	reua phaai
baleeira (bote salva-vidas)	เรือบดเล็ก	reua bòt lék
bote (m) salva-vidas	เรือชูชีพ	reua choo chêep
lancha (f)	เรือยนต์	reua yon
capitão (m)	กัปตัน	gàp dtan
marinheiro (m)	นาวิน	naa-win
marujo (m)	คนเรือ	khon reua
tripulação (f)	กะลาสี	gà-laa-sĕe
contramestre (m)	สรั่ง	sà-ràng
grumete (m)	คนช่วยงานในเรือ	khon chûay ngaan nai reua
cozinheiro (m) de bordo	กุ๊ก	gúk
médico (m) de bordo	แพทย์เรือ	phâet reua
convés (m)	ดาดฟ้าเรือ	dàat-fáa reua
mastro (m)	เสากระโดงเรือ	săo grà-dohng reua
vela (f)	ใบเรือ	bai reua
porão (m)	ท้องเรือ	thórng-reua
proa (f)	หัวเรือ	hŭa-reua
popa (f)	ท้ายเรือ	tháai reua
remo (m)	ไม้พาย	máai phaai
hélice (f)	ใบจักร	bai jàk
cabine (m)	ห้องพัก	hôrng phák
sala (f) dos oficiais	ห้องอาหาร	hôrng aa-hăan
sala (f) das máquinas	ห้องเครื่องยนต์	hôrng khrêuang yon

ponte (m) de comando	สะพานเดินเรือ	sà-phaan dern reua
sala (f) de comunicações	ห้องวิทยุ	hôrng wít-thá-yú
onda (f)	คลื่นความถี่	khlêun khwaam thèe
diário (m) de bordo	สมุดบันทึก	sà-mùt ban-théuk
luneta (f)	กล้องส่องทางไกล	glôrng sòrng thaang glai
sino (m)	ระฆัง	rá-khang
bandeira (f)	ธง	thorng
cabo (m)	เชือก	chêuak
nó (m)	ปม	bpom
corrimão (m)	ราว	raao
prancha (f) de embarque	ไม้พาดให้ขึ้นลงเรือ	mái phâat hâi khêun long reua
âncora (f)	สมอ	sà-mŏr
recolher a âncora	ถอนสมอ	thŏrn sà-mŏr
jogar a âncora	ทอดสมอ	thôrt sà-mŏr
amarra (corrente de âncora)	โซ่สมอเรือ	sôh sà-mŏr reua
porto (m)	ท่าเรือ	thâa reua
cais, amarradouro (m)	ทา	thâa
atracar (vi)	จอดเทียบท่า	jòt thîap tâa
desatracar (vi)	ออกจากทา	òrk jàak tâa
viagem (f)	การเดินทาง	gaan dern thaang
cruzeiro (m)	การล่องเรือ	gaan lôrng reua
rumo (m)	เส้นทาง	sên thaang
itinerário (m)	เสนทาง	sên thaang
canal (m) de navegação	ร่องเรือเดิน	rông reua dern
banco (m) de areia	โขด	khòht
encalhar (vt)	เกยตื้น	goie dtêun
tempestade (f)	พายุ	phaa-yú
sinal (m)	สัญญาณ	săn-yaan
afundar-se (vr)	ล่ม	lôm
Homem ao mar!	คนตกเรือ!	kon dtòk reua
SOS	SOS	es-o-es
boia (f) salva-vidas	ห่วงยาง	hùang yaang

CIDADE

27. Transportes urbanos

ônibus (m)	รถเมล์	rót may
bonde (m) elétrico	รถราง	rót raang
trólebus (m)	รถโดยสารประจำทางไฟฟ้า	rót doi sǎan bprà-jam thaang fai fáa
rota (f), itinerário (m)	เส้นทาง	sên thaang
número (m)	หมายเลข	mǎai lâyk
ir de ... (carro, etc.)	ไปด้วย	bpai dûay
entrar no ...	ขึ้น	khêun
descer do ...	ลง	long
parada (f)	ป้าย	bpâai
próxima parada (f)	ป้ายถัดไป	bpâai thàt bpai
terminal (m)	ป้ายสุดท้าย	bpâai sùt tháai
horário (m)	ตารางเวลา	dtaa-raang way-laa
esperar (vt)	รอ	ror
passagem (f)	ตั๋ว	dtǔa
tarifa (f)	ค่าตั๋ว	khâa dtǔa
bilheteiro (m)	คนขายตั๋ว	khon khǎai dtǔa
controle (m) de passagens	การตรวจตั๋ว	gaan dtrùat dtǔa
revisor (m)	พนักงานตรวจตั๋ว	phá-nák ngaan dtrùat dtǔa
atrasar-se (vr)	ไปสาย	bpai sǎai
perder (o autocarro, etc.)	พลาด	phlâat
estar com pressa	รีบเร่ง	rêep râyng
táxi (m)	แท็กซี่	tháek-sêe
taxista (m)	คนขับแท็กซี่	khon khàp tháek-sêe
de táxi (ir ~)	โดยแท็กซี่	doi tháek-sêe
ponto (m) de táxis	ป้ายจอดแท็กซี่	bpâai jòrt tháek sêe
chamar um táxi	เรียกแท็กซี่	rîak tháek sêe
pegar um táxi	ขึ้นรถแท็กซี่	khêun rót tháek-sêe
tráfego (m)	การจราจร	gaan jà-raa-jon
engarrafamento (m)	การจราจรติดขัด	gaan jà-raa-jon dtìt khàt
horas (f pl) de pico	ชั่วโมงเร่งด่วน	chûa mohng râyng dùan
estacionar (vi)	จอด	jòrt
estacionar (vt)	จอด	jòrt
parque (m) de estacionamento	ลานจอดรถ	laan jòrt rót
metrô (m)	รถไฟใต้ดิน	rót fai dtâi din
estação (f)	สถานี	sà-thǎa-nee
ir de metrô	ขึ้นรถไฟใต้ดิน	khêun rót fai dtâi din
trem (m)	รถไฟ	rót fai
estação (f) de trem	สถานีรถไฟ	sà-thǎa-nee rót fai

28. Cidade. Vida na cidade

cidade (f)	เมือง	meuang
capital (f)	เมืองหลวง	meuang lŭang
aldeia (f)	หมู่บ้าน	mòo bâan
mapa (m) da cidade	แผนที่เมือง	phăen thêe meuang
centro (m) da cidade	ใจกลางเมือง	jai glaang-meuang
subúrbio (m)	ชานเมือง	chaan meuang
suburbano (adj)	ชานเมือง	chaan meuang
periferia (f)	รอบนอกเมือง	rôrp nôrk meuang
arredores (m pl)	เขตรอบเมือง	khàyt rôrp-meuang
quarteirão (m)	บล็อกผังเมือง	blòrk phăng meuang
quarteirão (m) residencial	บล็อกที่อยู่อาศัย	blòrk thêe yòo aa-săi
tráfego (m)	การจราจร	gaan jà-raa-jon
semáforo (m)	ไฟจราจร	fai jà-raa-jon
transporte (m) público	ขนส่งมวลชน	khŏn sòng muan chon
cruzamento (m)	สี่แยก	sèe yâek
faixa (f)	ทางม้าลาย	thaang máa laai
túnel (m) subterrâneo	อุโมงค์คนเดิน	u-mohng kon dern
cruzar, atravessar (vt)	ข้าม	khâam
pedestre (m)	คนเดินเท้า	khon dern tháo
calçada (f)	ทางเท้า	thaang tháo
ponte (f)	สะพาน	sà-phaan
margem (f) do rio	ทางเลียบแม่น้ำ	thaang lîap mâe náam
fonte (f)	น้ำพุ	nám phú
alameda (f)	ทางเลียบสวน	thaang lîap sŭan
parque (m)	สวน	sŭan
bulevar (m)	ถนนกว้าง	thà-nŏn gwâang
praça (f)	จัตุรัส	jàt-dtù-ràt
avenida (f)	ถนนใหญ่	thà-nŏn yài
rua (f)	ถนน	thà-nŏn
travessa (f)	ซอย	soi
beco (m) sem saída	ทางตัน	thaang dtan
casa (f)	บ้าน	bâan
edifício, prédio (m)	อาคาร	aa-khaan
arranha-céu (m)	ตึกระฟ้า	dtèuk rá-fáa
fachada (f)	ด้านหน้าอาคาร	dâan-nâa aa-khaan
telhado (m)	หลังคา	lăng khaa
janela (f)	หน้าต่าง	nâa dtàang
arco (m)	ซุ้มประตู	súm bprà-dtoo
coluna (f)	เสา	săo
esquina (f)	มุม	mum
vitrine (f)	หน้าต่างร้านค้า	nâa dtàang ráan kháa
letreiro (m)	ป้ายร้าน	bpâai ráan
cartaz (do filme, etc.)	โปสเตอร์	bpòht-dtêr
cartaz (m) publicitário	ป้ายโฆษณา	bpâai khôht-sà-naa

painel (m) publicitário	กระดานปิดประกาศโฆษณา	grà-daan bpìt bprà-gàat khôht-sà-naa
lixo (m)	ขยะ	khà-yà
lata (f) de lixo	ถังขยะ	thăng khà-yà
jogar lixo na rua	ทิ้งขยะ	thíng khà-yà
aterro (m) sanitário	ที่ทิ้งขยะ	thêe thíng khà-yà
orelhão (m)	ตู้โทรศัพท์	dtôo thoh-rá-sàp
poste (m) de luz	เสาโคม	săo khohm
banco (m)	ม้านั่ง	máa nâng
polícia (m)	เจ้าหน้าที่ตำรวจ	jâo nâa-thêe dtam-rùat
polícia (instituição)	ตำรวจ	dtam-rùat
mendigo, pedinte (m)	ขอทาน	khŏr thaan
desabrigado (m)	คนไร้บ้าน	khon rái bâan

29. Instituições urbanas

loja (f)	ร้านค้า	ráan kháa
drogaria (f)	ร้านขายยา	ráan khăai yaa
ótica (f)	ร้านตัดแว่น	ráan dtàt wâen
centro (m) comercial	ศูนย์การค้า	sŏon gaan kháa
supermercado (m)	ซูเปอร์มาร์เก็ต	soo-bper-maa-gèt
padaria (f)	ร้านขนมปัง	ráan khà-nŏm bpang
padeiro (m)	คนอบขนมปัง	khon òp khà-nŏm bpang
pastelaria (f)	ร้านขนม	ráan khà-nŏm
mercearia (f)	ร้านขายของชำ	ráan khăai khŏrng cham
açougue (m)	ร้านขายเนื้อ	ráan khăai néua
fruteira (f)	ร้านขายผัก	ráan khăai phàk
mercado (m)	ตลาด	dtà-làat
cafeteria (f)	ร้านกาแฟ	ráan gaa-fae
restaurante (m)	ร้านอาหาร	ráan aa-hăan
bar (m)	บาร์	baa
pizzaria (f)	ร้านพิซซ่า	ráan phís-sâa
salão (m) de cabeleireiro	ร้านทำผม	ráan tham phŏm
agência (f) dos correios	โรงไปรษณีย์	rohng bprai-sà-nee
lavanderia (f)	ร้านซักแห้ง	ráan sák hâeng
estúdio (m) fotográfico	ห้องถ่ายภาพ	hôrng thàai phâap
sapataria (f)	ร้านขายรองเท้า	ráan khăai rorng táo
livraria (f)	ร้านขายหนังสือ	ráan khăai năng-sĕu
loja (f) de artigos esportivos	ร้านขายอุปกรณ์กีฬา	ráan khăai u-bpà-gon gee-laa
costureira (m)	ร้านซ่อมเสื้อผ้า	ráan sôrm sêua phâa
aluguel (m) de roupa	ร้านเช่าเสื้อออกงาน	ráan châo sêua òrk ngaan
videolocadora (f)	ร้านเช่าวิดีโอ	ráan châo wí-dee-oh
circo (m)	โรงละครสัตว์	rohng lá-khon sàt
jardim (m) zoológico	สวนสัตว์	sŭan sàt
cinema (m)	โรงภาพยนตร์	rohng phâap-phá-yon

museu (m)	พิพิธภัณฑ์	phí-phítha phan
biblioteca (f)	ห้องสมุด	hôrng sà-mùt
teatro (m)	โรงละคร	rohng lá-khon
ópera (f)	โรงอุปรากร	rohng ù-bpà-raa-gon
boate (casa noturna)	ไนท์คลับ	nai-khláp
cassino (m)	คาสิโน	khaa-sì-noh
mesquita (f)	สุเหร่า	sù-rào
sinagoga (f)	โบสถ์ยิว	bòht yiw
catedral (f)	อาสนวิหาร	aa sŏn wí-hăan
templo (m)	วิหาร	wí-hăan
igreja (f)	โบสถ์	bòht
faculdade (f)	วิทยาลัย	wít-thá-yaa-lai
universidade (f)	มหาวิทยาลัย	má-hăa wít-thá-yaa-lai
escola (f)	โรงเรียน	rohng rian
prefeitura (f)	ศาลากลางจังหวัด	săa-laa glaang jang-wàt
câmara (f) municipal	ศาลาเทศบาล	săa-laa thâyt-sà-baan
hotel (m)	โรงแรม	rohng raem
banco (m)	ธนาคาร	thá-naa-khaan
embaixada (f)	สถานทูต	sà-thăan thôot
agência (f) de viagens	บริษัททัวร์	bor-rí-sàt thua
agência (f) de informações	สำนักงาน ศูนย์ข้อมูล	săm-nák ngaan sŏon khôr moon
casa (f) de câmbio	ร้านแลกเงิน	ráan lâek ngern
metrô (m)	รถไฟใต้ดิน	rót fai dtâi din
hospital (m)	โรงพยาบาล	rohng phá-yaa-baan
posto (m) de gasolina	ปั๊มน้ำมัน	bpám náam man
parque (m) de estacionamento	ลานจอดรถ	laan jòrt rót

30. Sinais

letreiro (m)	ป้ายร้าน	bpâai ráan
aviso (m)	ป้ายเตือน	bpâai dteuan
cartaz, pôster (m)	โปสเตอร์	bpòht-dtêr
placa (f) de direção	ป้ายบอกทาง	bpâai bòrk thaang
seta (f)	ลูกศร	lôok sŏn
aviso (advertência)	คำเตือน	kham dteuan
sinal (m) de aviso	ป้ายเตือน	bpâai dteuan
avisar, advertir (vt)	เตือน	dteuan
dia (m) de folga	วันหยุด	wan yùt
horário (~ dos trens, etc.)	ตารางเวลา	dtaa-raang way-laa
horário (m)	เวลาทำการ	way-laa tham gaan
BEM-VINDOS!	ยินดีต้อนรับ!	yin dee dtôrn ráp
ENTRADA	ทางเข้า	thaang khâo
SAÍDA	ทางออก	thaang òrk

EMPURRE	ผลัก	phlàk
PUXE	ดึง	deung
ABERTO	เปิด	bpèrt
FECHADO	ปิด	bpìt
MULHER	หญิง	yǐng
HOMEM	ชาย	chaai
DESCONTOS	ลดราคา	lót raa-khaa
SALDOS, PROMOÇÃO	ขายของลดราคา	khǎai khǒrng lót raa-khaa
NOVIDADE!	ใหม่!	mài
GRÁTIS	ฟรี	free
ATENÇÃO!	โปรดทราบ!	bpròht sâap
NÃO HÁ VAGAS	ไม่มีห้องว่าง	mâi mee hôrng wâang
RESERVADO	จองแล้ว	jorng láew
ADMINISTRAÇÃO	สำนักงาน	sǎm-nák ngaan
SOMENTE PESSOAL AUTORIZADO	เฉพาะพนักงาน	chà-phór phá-nák ngaan
CUIDADO CÃO FEROZ	ระวังสุนัข!	rá-wang sù-nák
PROIBIDO FUMAR!	ห้ามสูบบุหรี่	hâam sòop bù rèe
NÃO TOCAR	ห้ามแตะ!	hâam dtàe
PERIGOSO	อันตราย	an-dtà-raai
PERIGO	อันตราย	an-dtà-raai
ALTA TENSÃO	ไฟฟ้าแรงสูง	fai fáa raeng sǒong
PROIBIDO NADAR	ห้ามว่ายน้ำ!	hâam wâai náam
COM DEFEITO	เสีย	sǐa
INFLAMÁVEL	อันตรายติดไฟ	an-dtà-raai dtìt fai
PROIBIDO	ห้าม	hâam
ENTRADA PROIBIDA	ห้ามผ่าน!	hâam phàan
CUIDADO TINTA FRESCA	สีพื้นเปียก	sěe phéun bpìak

31. Compras

comprar (vt)	ซื้อ	séu
compra (f)	ของซื้อ	khǒrng séu
fazer compras	ไปซื้อของ	bpai séu khǒrng
compras (f pl)	การชอปปิง	gaan chôp bping
estar aberta (loja)	เปิด	bpèrt
estar fechada	ปิด	bpìt
calçado (m)	รองเท้า	rorng tháo
roupa (f)	เสื้อผ้า	sêua phâa
cosméticos (m pl)	เครื่องสำอาง	khrêuang sǎm-aang
alimentos (m pl)	อาหาร	aa-hǎan
presente (m)	ของขวัญ	khǒrng khwǎn
vendedor (m)	พนักงานขาย	phá-nák ngaan khǎai
vendedora (f)	พนักงานขาย	phá-nák ngaan khǎai

caixa (f)	ที่จ่ายเงิน	thêe jàai ngern
espelho (m)	กระจก	grà-jòk
balcão (m)	เคาน์เตอร์	khao-dtêr
provador (m)	ห้องลองเสื้อผ้า	hôrng lorng sêua phâa
provar (vt)	ลอง	lorng
servir (roupa, caber)	เหมาะ	mò
gostar (apreciar)	ชอบ	chôrp
preço (m)	ราคา	raa-khaa
etiqueta (f) de preço	ป้ายราคา	bpâai raa-khaa
custar (vt)	ราคา	raa-khaa
Quanto?	ราคาเท่าไหร่?	raa-khaa thâo rài
desconto (m)	ลดราคา	lót raa-khaa
não caro (adj)	ไม่แพง	mâi phaeng
barato (adj)	ถูก	thòok
caro (adj)	แพง	phaeng
É caro	มันราคาแพง	man raa-khaa phaeng
aluguel (m)	การเช่า	gaan châo
alugar (roupas, etc.)	เช่า	châo
crédito (m)	สินเชื่อ	sĭn chêua
a crédito	ซื้อเงินเชื่อ	séu ngern chêua

VESTUÁRIO & ACESSÓRIOS

32. Roupa exterior. Casacos

roupa (f)	เสื้อผ้า	sêua phâa
roupa (f) exterior	เสื้อนอก	sêua nôk
roupa (f) de inverno	เสื้อกันหนาว	sêua gan năao
sobretudo (m)	เสื้อโค้ท	sêua khóht
casaco (m) de pele	เสื้อโค้ทขนสัตว์	sêua khóht khŏn sàt
jaqueta (f) de pele	แจคเก็ตขนสัตว์	jáek-gèt khŏn sàt
casaco (m) acolchoado	แจ็คเก็ตกันหนาว	jàek-gèt gan năao
casaco (m), jaqueta (f)	แจ๊คเก็ต	jáek-gèt
impermeável (m)	เสื้อกันฝน	sêua gan fŏn
a prova d'água	ซึ่งกันน้ำได้	sêung gan náam dâai

33. Vestuário de homem & mulher

camisa (f)	เสื้อ	sêua
calça (f)	กางเกง	gaang-gayng
jeans (m)	กางเกงยีนส์	gaang-gayng yeen
paletó, terno (m)	แจ็คเก็ตสูท	jàek-gèt sòot
terno (m)	ชุดสูท	chút sòot
vestido (ex. ~ de noiva)	ชุดเดรส	chút draet
saia (f)	กระโปรง	grà bprohng
blusa (f)	เสื้อ	sêua
casaco (m) de malha	แจ็คเก็ตถัก	jáek-gèt thàk
casaco, blazer (m)	แจคเก็ต	jáek-gèt
camiseta (f)	เสื้อยืด	sêua yêut
short (m)	กางเกงขาสั้น	gaang-gayng khăa sân
training (m)	ชุดวอร์ม	chút wom
roupão (m) de banho	เสื้อคลุมอาบน้ำ	sêua khlum àap náam
pijama (m)	ชุดนอน	chút norn
suéter (m)	เสื้อไหมพรม	sêua măi phrom
pulôver (m)	เสื้อกันหนาวแบบสวม	sêua gan năao bàep sŭam
colete (m)	เสื้อกั๊ก	sêua gák
fraque (m)	เสื้อเทลโค้ต	sêua thayn-khóht
smoking (m)	ชุดทักซิโด้	chút thák sí dôh
uniforme (m)	เครื่องแบบ	khrêuang bàep
roupa (f) de trabalho	ชุดทำงาน	chút tam ngaan
macacão (m)	ชุดเอี๊ยม	chút íam
jaleco (m), bata (f)	เสื้อคลุม	sêua khlum

34. Vestuário. Roupa interior

roupa (f) íntima	ชุดชั้นใน	chút chán nai
cueca boxer (f)	กางเกงในชาย	gaang-gayng nai chaai
calcinha (f)	กางเกงในสตรี	gaang-gayng nai sàt-dtree
camiseta (f)	เสื้อชั้นใน	sêua chán nai
meias (f pl)	ถุงเท้า	thŭng tháo
camisola (f)	ชุดนอนสตรี	chút norn sàt-dtree
sutiã (m)	ยกทรง	yók song
meias longas (f pl)	ถุงเท้ายาว	thŭng tháo yaao
meias-calças (f pl)	ถุงน่องเต็มตัว	thŭng nôrng dtem dtua
meias (~ de nylon)	ถุงน่อง	thŭng nôrng
maiô (m)	ชุดว่ายน้ำ	chút wâai náam

35. Adereços de cabeça

chapéu (m), touca (f)	หมวก	mùak
chapéu (m) de feltro	หมวก	mùak
boné (m) de beisebol	หมวกเบสบอล	mùak bàyt-bon
boina (~ italiana)	หมวกติงลี่	mùak dting lêe
boina (ex. ~ basca)	หมวกเบเร่ต์	mùak bay-rây
capuz (m)	ฮู้ด	hóot
chapéu panamá (m)	หมวกปานามา	mùak bpaa-naa-maa
touca (f)	หมวกไหมพรม	mùak măi phrom
lenço (m)	ผ้าโพกศีรษะ	phâa phôhk sĕe-sà
chapéu (m) feminino	หมวกสตรี	mùak sàt-dtree
capacete (m) de proteção	หมวกนิรภัย	mùak ní-rá-phai
bibico (m)	หมวกหนีบ	mùak nèep
capacete (m)	หมวกกันน็อค	mùak ní-rá-phai
chapéu-coco (m)	หมวกกลมทรงสูง	mùak glom song sŏong
cartola (f)	หมวกทรงสูง	mùak song sŏong

36. Calçado

calçado (m)	รองเท้า	rorng tháo
botinas (f pl), sapatos (m pl)	รองเท้า	rorng tháo
sapatos (de salto alto, etc.)	รองเท้า	rorng tháo
botas (f pl)	รองเท้าบูท	rorng tháo bòot
pantufas (f pl)	รองเท้าแตะในบ้าน	rorng tháo dtàe nai bâan
tênis (~ Nike, etc.)	รองเท้ากีฬา	rorng tháo gee-laa
tênis (~ Converse)	รองเท้าผ้าใบ	rorng tháo phâa bai
sandálias (f pl)	รองเท้าแตะ	rorng tháo dtàe
sapateiro (m)	คนซ่อมรองเท้า	khon sôrm rorng tháo
salto (m)	ส้นรองเท้า	sôn rorng tháo

par (m)	คู่	khôo
cadarço (m)	เชือกรองเท้า	chêuak rorng tháo
amarrar os cadarços	ผูกเชือกรองเท้า	phòok chêuak rorng tháo
calçadeira (f)	ที่ช้อนรองเท้า	thêe chón rorng tháo
graxa (f) para calçado	ยาขัดรองเท้า	yaa khàt rorng tháo

37. Acessórios pessoais

luva (f)	ถุงมือ	thǔng meu
mitenes (f pl)	ถุงมือ	thǔng meu
cachecol (m)	ผ้าพันคอ	phâa phan khor
óculos (m pl)	แว่นตา	wâen dtaa
armação (f)	กรอบแว่น	gròrp wâen
guarda-chuva (m)	ร่ม	rôm
bengala (f)	ไม้เท้า	máai tháo
escova (f) para o cabelo	แปรงหวีผม	bpraeng wěe phǒm
leque (m)	พัด	phát
gravata (f)	เนคไท	nâyk-thai
gravata-borboleta (f)	โบว์หูกระต่าย	boh hǒo grà-dtàai
suspensórios (m pl)	สายเอี๊ยม	sǎai íam
lenço (m)	ผ้าเช็ดหน้า	phâa chét-nâa
pente (m)	หวี	wěe
fivela (f) para cabelo	ที่หนีบผม	têe nèep phǒm
grampo (m)	กิ๊บ	gíp
fivela (f)	หัวเข็มขัด	hǔa khěm khàt
cinto (m)	เข็มขัด	khěm khàt
alça (f) de ombro	สายกระเป๋า	sǎai grà-bpǎo
bolsa (f)	กระเป๋า	grà-bpǎo
bolsa (feminina)	กระเป๋าถือ	grà-bpǎo thěu
mochila (f)	กระเป๋าสะพายหลัง	grà-bpǎo sà-phaai lǎng

38. Vestuário. Diversos

moda (f)	แฟชั่น	fae-chân
na moda (adj)	คานิยม	khâa ní-yom
estilista (m)	นักออกแบบแฟชั่น	nák òrk bàep fae-chân
colarinho (m)	คอปกเสื้อ	khor bpòk sêua
bolso (m)	กระเป๋า	grà-bpǎo
de bolso	กระเป๋า	grà-bpǎo
manga (f)	แขนเสื้อ	khǎen sêua
ganchinho (m)	ที่แขวนเสื้อ	thêe khwǎen sêua
bragueta (f)	ซิปกางเกง	síp gaang-gayng
zíper (m)	ซิป	síp
colchete (m)	ซิป	síp
botão (m)	กระดุม	grà dum

botoeira (casa de botão)	รูกระดุม	roo grà dum
soltar-se (vr)	หลุดออก	lùt òrk
costurar (vi)	เย็บ	yép
bordar (vt)	ปัก	bpàk
bordado (m)	ลายปัก	laai bpàk
agulha (f)	เข็มเย็บผ้า	khĕm yép phâa
fio, linha (f)	เส้นด้าย	sây-dâai
costura (f)	รอยเย็บ	roi yép
sujar-se (vr)	สกปรก	sòk-gà-bpròk
mancha (f)	รอยเปื้อน	roi bpêuan
amarrotar-se (vr)	พับเป็นรอยย่น	pháp bpen roi yôn
rasgar (vt)	ฉีก	chèek
traça (f)	แมลงกินผ้า	má-laeng gin phâa

39. Cuidados pessoais. Cosméticos

pasta (f) de dente	ยาสีฟัน	yaa sĕe fan
escova (f) de dente	แปรงสีฟัน	bpraeng sĕe fan
escovar os dentes	แปรงฟัน	bpraeng fan
gilete (f)	มีดโกน	mêet gohn
creme (m) de barbear	ครีมโกนหนวด	khreem gohn nùat
barbear-se (vr)	โกน	gohn
sabonete (m)	สบู่	sà-bòo
xampu (m)	แชมพู	chaem-phoo
tesoura (f)	กรรไกร	gan-grai
lixa (f) de unhas	ตะไบเล็บ	dtà-bai lép
corta-unhas (m)	กรรไกรตัดเล็บ	gan-grai dtàt lép
pinça (f)	แหนบ	nàep
cosméticos (m pl)	เครื่องสำอาง	khrêuang săm-aang
máscara (f)	มาสกหน้า	mâak nâa
manicure (f)	การแต่งเล็บ	gaan dtàeng lép
fazer as unhas	แต่งเล็บ	dtàeng lép
pedicure (f)	การแต่งเล็บเท้า	gaan dtàeng lép táo
bolsa (f) de maquiagem	กระเป๋าเครื่องสำอาง	grà-bpăo khrêuang săm-aang
pó (de arroz)	แป้งฝุ่น	bpâeng-fùn
pó (m) compacto	ตลับแป้ง	dtà-làp bpâeng
blush (m)	แป้งทาแก้ม	bpâeng thaa gâem
perfume (m)	น้ำหอม	nám hŏrm
água-de-colônia (f)	น้ำหอมอ่อนๆ	náam hŏrm òn òn
loção (f)	โลชั่น	loh-chân
colônia (f)	โคโลญจ์	khoh-lohn
sombra (f) de olhos	อายแชโดว์	aai-chae-doh
delineador (m)	อายไลเนอร์	aai lai-ner
máscara (f), rímel (m)	มาสคารา	mâat-khaa-râa
batom (m)	ลิปสติก	líp-sà-dtìk

esmalte (m)	น้ำยาทาเล็บ	nám yaa-thaa lép
laquê (m), spray fixador (m)	สเปรย์ฉีดผม	sà-bpray chèet phŏm
desodorante (m)	ยาดับกลิ่น	yaa dàp glìn
creme (m)	ครีม	khreem
creme (m) de rosto	ครีมทาหน้า	khreem thaa nâa
creme (m) de mãos	ครีมทามือ	khreem thaa meu
creme (m) antirrugas	ครีมลดริ้วรอย	khreem lót ríw roi
creme (m) de dia	ครีมกลางวัน	khreem klaang wan
creme (m) de noite	ครีมกลางคืน	khreem klaang kheun
de dia	กลางวัน	glaang wan
da noite	กลางคืน	glaang kheun
absorvente (m) interno	ผ้าอนามัยแบบสอด	phâa a-naa-mai bàep sòrt
papel (m) higiênico	กระดาษชำระ	grà-dàat cham-rá
secador (m) de cabelo	เครื่องเป่าผม	khrêuang bpào phŏm

40. Relógios de pulso. Relógios

relógio (m) de pulso	นาฬิกา	naa-lí-gaa
mostrador (m)	หน้าปัด	nâa bpàt
ponteiro (m)	เข็ม	khĕm
bracelete (em aço)	สายนาฬิกาข้อมือ	săai naa-lí-gaa khôr meu
bracelete (em couro)	สายรัดข้อมือ	săai rát khôr meu
pilha (f)	แบตเตอรี่	bàet-dter-rêe
acabar (vi)	หมด	mòt
trocar a pilha	เปลี่ยนแบตเตอรี่	bplìan bàet-dter-rêe
estar adiantado	เดินเร็วเกินไป	dern reo gern bpai
estar atrasado	เดินช้า	dern cháa
relógio (m) de parede	นาฬิกาแขวนผนัง	naa-lí-gaa khwăen phà-năng
ampulheta (f)	นาฬิกาทราย	naa-lí-gaa saai
relógio (m) de sol	นาฬิกาแดด	naa-lí-gaa dàet
despertador (m)	นาฬิกาปลุก	naa-lí-gaa bplùk
relojoeiro (m)	ช่างซ่อมนาฬิกา	châang sôrm naa-lí-gaa
reparar (vt)	ซ่อม	sôrm

EXPERIÊNCIA DO QUOTIDIANO

41. Dinheiro

dinheiro (m)	เงิน	ngern
câmbio (m)	การแลกเปลี่ยนสกุลเงิน	gaan lâek bplìan sà-gun ngern
taxa (f) de câmbio	อัตราแลกเปลี่ยนสกุลเงิน	àt-dtraa lâek bplìan sà-gun ngern
caixa (m) eletrônico	เอทีเอ็ม	ay-thee-em
moeda (f)	เหรียญ	rǐan
dólar (m)	ดอลลาร์	dorn-lâa
euro (m)	ยูโร	yoo-roh
lira (f)	ลีราอิตาลี	lee-raa ì-dtaa-lee
marco (m)	มาร์ค	mâak
franco (m)	ฟรังค์	frang
libra (f) esterlina	ปอนด์สเตอร์ลิง	bporn sà-dtêr-ling
iene (m)	เยน	yayn
dívida (f)	หนี้	nêe
devedor (m)	ลูกหนี้	lôok nêe
emprestar (vt)	ให้ยืม	hâi yeum
pedir emprestado	ขอยืม	khǒr yeum
banco (m)	ธนาคาร	thá-naa-khaan
conta (f)	บัญชี	ban-chee
depositar (vt)	ฝาก	fàak
depositar na conta	ฝากเงินเข้าบัญชี	fàak ngern khâo ban-chee
sacar (vt)	ถอน	thǒrn
cartão (m) de crédito	บัตรเครดิต	bàt khray-dìt
dinheiro (m) vivo	เงินสด	ngern sòt
cheque (m)	เช็ค	chék
passar um cheque	เขียนเช็ค	khǐan chék
talão (m) de cheques	สมุดเช็ค	sà-mùt chék
carteira (f)	กระเป๋าเงิน	grà-bpǎo ngern
niqueleira (f)	กระเป๋าสตางค์	grà-bpǎo sà-dtaang
cofre (m)	ตู้เซฟ	dtôo sâyf
herdeiro (m)	ทายาท	thaa-yâat
herança (f)	มรดก	mor-rá-dòrk
fortuna (riqueza)	เงินจำนวนมาก	ngern jam-nuan mâak
arrendamento (m)	สัญญาเช่า	sǎn-yaa châo
aluguel (pagar o ~)	ค่าเช่า	kâa châo
alugar (vt)	เช่า	châo
preço (m)	ราคา	raa-khaa

custo (m)	ราคา	raa-khaa
soma (f)	จำนวนเงินรวม	jam-nuan ngern ruam
gastar (vt)	จ่าย	jàai
gastos (m pl)	ค่าจ่าย	khâa jàai
economizar (vi)	ประหยัด	bprà-yàt
econômico (adj)	ประหยัด	bprà-yàt
pagar (vt)	จ่าย	jàai
pagamento (m)	การจ่ายเงิน	gaan jàai ngern
troco (m)	เงินทอน	ngern thorn
imposto (m)	ภาษี	phaa-sěe
multa (f)	ค่าปรับ	khâa bpràp
multar (vt)	ปรับ	bpràp

42. Correios. Serviço postal

agência (f) dos correios	โรงไปรษณีย์	rohng bprai-sà-nee
correio (m)	จดหมาย	jòt mǎai
carteiro (m)	บุรุษไปรษณีย์	bù-rùt bprai-sà-nee
horário (m)	เวลาทำการ	way-laa tham gaan
carta (f)	จดหมาย	jòt mǎai
carta (f) registada	จดหมายลงทะเบียน	jòt mǎai long thá-bian
cartão (m) postal	ไปรษณียบัตร	bprai-sà-nee-yá-bàt
telegrama (m)	โทรเลข	thoh-rá-lâyk
encomenda (f)	พัสดุ	phát-sà-dù
transferência (f) de dinheiro	การโอนเงิน	gaan ohn ngern
receber (vt)	รับ	ráp
enviar (vt)	ฝาก	fàak
envio (m)	การฝาก	gaan fàak
endereço (m)	ที่อยู่	thêe yòo
código (m) postal	รหัสไปรษณีย์	rá-hàt bprai-sà-nee
remetente (m)	ผู้ฝาก	phôo fàak
destinatário (m)	ผู้รับ	phôo ráp
nome (m)	ชื่อ	chêu
sobrenome (m)	นามสกุล	naam sà-gun
tarifa (f)	อัตราค่าส่งไปรษณีย์	àt-dtraa khâa sòng bprai-sà-nee
ordinário (adj)	มาตรฐาน	mâat-dtrà-thǎan
econômico (adj)	ประหยัด	bprà-yàt
peso (m)	น้ำหนัก	nám nàk
pesar (estabelecer o peso)	มีน้ำหนัก	mee nám nàk
envelope (m)	ซอง	sorng
selo (m) postal	แสตมป์ไปรษณีย์	sà-dtaem bprai-sà-nee
colar o selo	แสตมป์ตราประทับบนซอง	sà-dtaem dtraa bprà-tháp bon song

43. Banca

banco (m)	ธนาคาร	thá-naa-khaan
balcão (f)	สาขา	săa-khăa
consultor (m) bancário	พนักงานธนาคาร	phá-nák ngaan thá-naa-khaan
gerente (m)	ผู้จัดการ	phôo jàt gaan
conta (f)	บัญชีธนาคาร	ban-chee thá-naa-kaan
número (m) da conta	หมายเลขบัญชี	măai lâyk ban-chee
conta (f) corrente	กระแสรายวัน	grà-săe raai wan
conta (f) poupança	บัญชีออมทรัพย์	ban-chee orm sáp
abrir uma conta	เปิดบัญชี	bpèrt ban-chee
fechar uma conta	ปิดบัญชี	bpìt ban-chee
depositar na conta	ฝากเงินเข้าบัญชี	fàak ngern khâo ban-chee
sacar (vt)	ถอน	thŏrn
depósito (m)	การฝาก	gaan fàak
fazer um depósito	ฝาก	fàak
transferência (f) bancária	การโอนเงิน	gaan ohn ngern
transferir (vt)	โอนเงิน	ohn ngern
soma (f)	จำนวนเงินรวม	jam-nuan ngern ruam
Quanto?	เท่าไหร?	thâo rài
assinatura (f)	ลายมือชื่อ	laai meu chêu
assinar (vt)	ลงนาม	long naam
cartão (m) de crédito	บัตรเครดิต	bàt khray-dìt
senha (f)	รหัส	rá-hàt
número (m) do cartão de crédito	หมายเลขบัตรเครดิต	măai lâyk bàt khray-dìt
caixa (m) eletrônico	เอทีเอ็ม	ay-thee-em
cheque (m)	เช็ค	chék
passar um cheque	เขียนเช็ค	khĭan chék
talão (m) de cheques	สมุดเช็ค	sà-mùt chék
empréstimo (m)	เงินกู้	ngern gôo
pedir um empréstimo	ขอสินเชื่อ	khŏr sĭn chêua
obter empréstimo	กู้เงิน	gôo ngern
dar um empréstimo	ให้กู้เงิน	hâi gôo ngern
garantia (f)	การรับประกัน	gaan ráp bprà-gan

44. Telefone. Conversação telefônica

telefone (m)	โทรศัพท์	thoh-rá-sàp
celular (m)	มือถือ	meu thĕu
secretária (f) eletrônica	เครื่องพูดตอบ	khrêuang phôot dtòp
fazer uma chamada	โทรศัพท์	thoh-rá-sàp
chamada (f)	การโทรศัพท์	gaan thoh-rá-sàp

discar um número	หมุนหมายเลขโทรศัพท์	mŭn măai lâyk thoh-rá-sàp
Alô!	สวัสดี!	sà-wàt-dee
perguntar (vt)	ถาม	thăam
responder (vt)	รับสาย	ráp săai
ouvir (vt)	ได้ยิน	dâai yin
bem	ดี	dee
mal	ไม่ดี	mâi dee
ruído (m)	เสียงรบกวน	sĭang róp guan
fone (m)	ตัวรับสัญญาณ	dtua ráp săn-yaan
pegar o telefone	รับสาย	ráp săai
desligar (vi)	วางสาย	waang săai
ocupado (adj)	ไม่ว่าง	mâi wâang
tocar (vi)	ดัง	dang
lista (f) telefônica	สมุดโทรศัพท์	sà-mùt thoh-rá-sàp
local (adj)	ในประเทศ	nai bprà-thâyt
chamada (f) local	โทรในประเทศ	thoh nai bprà-thâyt
de longa distância	ระยะไกล	rá-yá glai
chamada (f) de longa distância	โทรระยะไกล	thoh-rá-yá glai
internacional (adj)	ต่างประเทศ	dtàang bprà-thâyt
chamada (f) internacional	โทรต่างประเทศ	thoh dtàang bprà-thâyt

45. Telefone móvel

celular (m)	มือถือ	meu thěu
tela (f)	หน้าจอ	nâa jor
botão (m)	ปุ่ม	bpùm
cartão SIM (m)	ซิมการ์ด	sím gàat
bateria (f)	แบตเตอรี่	bàet-dter-rêe
descarregar-se (vr)	หมด	mòt
carregador (m)	ที่ชาร์จ	thêe châat
menu (m)	เมนู	may-noo
configurações (f pl)	การตั้งค่า	gaan dtâng khâa
melodia (f)	เสียงเพลง	sĭang phlayng
escolher (vt)	เลือก	lêuak
calculadora (f)	เครื่องคิดเลข	khrêuang khít lâyk
correio (m) de voz	ข้อความเสียง	khôr khwaam sĭang
despertador (m)	นาฬิกาปลุก	naa-lí-gaa bplùk
contatos (m pl)	รายชื่อผู้ติดต่อ	raai chêu phôo dtìt dtòr
mensagem (f) de texto	SMS	es-e-mes
assinante (m)	ผู้สมัครรับบริการ	phôo sà-màk ráp bor-rí-gaan

46. Estacionário

caneta (f)	ปากกาลูกลื่น	bpàak gaa lôok lêun
caneta (f) tinteiro	ปากกาหมึกซึม	bpàak gaa mèuk seum

lápis (m)	ดินสอ	din-sŏr
marcador (m) de texto	ปากกาเน้น	bpàak gaa náyn
caneta (f) hidrográfica	ปากกาเมจิค	bpàak gaa may jìk
bloco (m) de notas	สมุดจด	sà-mùt jòt
agenda (f)	สมุดบันทึกรายวัน	sà-mùt ban-théuk raai wan
régua (f)	ไม้บรรทัด	máai ban-thát
calculadora (f)	เครื่องคิดเลข	khrêuang khít lâyk
borracha (f)	ยางลบ	yaang lóp
alfinete (m)	เป๊ก	bpáyk
clipe (m)	ลวดหนีบกระดาษ	lûat nèep grà-dàat
cola (f)	กาว	gaao
grampeador (m)	ที่เย็บกระดาษ	thêe yép grà-dàat
furador (m) de papel	ที่เจาะรูกระดาษ	thêe jòr roo grà-dàat
apontador (m)	ที่เหลาดินสอ	thêe lăo din-sŏr

47. Línguas estrangeiras

língua (f)	ภาษา	phaa-săa
estrangeiro (adj)	ต่างชาติ	dtàang châat
língua (f) estrangeira	ภาษาต่างชาติ	phaa-săa dtàang châat
estudar (vt)	เรียน	rian
aprender (vt)	เรียน	rian
ler (vt)	อ่าน	àan
falar (vi)	พูด	phôot
entender (vt)	เข้าใจ	khâo jai
escrever (vt)	เขียน	khĭan
rapidamente	รวดเร็ว	rûat reo
devagar, lentamente	อย่างช้า	yàang cháa
fluentemente	อย่างคล่อง	yàang khlôrng
regras (f pl)	กฎ	gòt
gramática (f)	ไวยากรณ์	wai-yaa-gon
vocabulário (m)	คำศัพท์	kham sàp
fonética (f)	การออกเสียง	gaan òrk sĭang
livro (m) didático	หนังสือเรียน	năng-sĕu rian
dicionário (m)	พจนานุกรม	phót-jà-naa-nú-grom
manual (m) autodidático	หนังสือแบบเรียนด้วยตนเอง	năng-sĕu bàep rian dûay dton ayng
guia (m) de conversação	เฟรสบุ๊ก	frayt bùk
fita (f) cassete	เทปคาสเซ็ตต์	thâyp khaas-sét
videoteipe (m)	วิดีโอ	wí-dee-oh
CD (m)	CD	see-dee
DVD (m)	DVD	dee-wee-dee
alfabeto (m)	ตัวอักษร	dtua àk-sŏn
soletrar (vt)	สะกด	sà-gòt
pronúncia (f)	การออกเสียง	gaan òrk sĭang

sotaque (m)	สำเนียง	săm-niang
com sotaque	มีสำเนียง	mee săm-niang
sem sotaque	ไม่มีสำเนียง	mâi mee săm-niang
palavra (f)	คำ	kham
sentido (m)	ความหมาย	khwaam măai
curso (m)	หลักสูตร	làk sòot
inscrever-se (vr)	สมัคร	sà-màk
professor (m)	อาจารย์	aa-jaan
tradução (processo)	การแปล	gaan bplae
tradução (texto)	คำแปล	kham bplae
tradutor (m)	นักแปล	nák bplae
intérprete (m)	ล่าม	lâam
poliglota (m)	ผู้รู้หลายภาษา	phôo róo lăai paa-săa
memória (f)	ความทรงจำ	khwaam song jam

REFEIÇÕES. RESTAURANTE

48. Por a mesa

colher (f)	ช้อน	chórn
faca (f)	มีด	mêet
garfo (m)	ส้อม	sôrm
xícara (f)	แก้ว	gâew
prato (m)	จาน	jaan
pires (m)	จานรอง	jaan rorng
guardanapo (m)	ผ้าเช็ดปาก	phâa chét bpàak
palito (m)	ไม้จิ้มฟัน	máai jîm fan

49. Restaurante

restaurante (m)	ร้านอาหาร	ráan aa-hăan
cafeteria (f)	ร้านกาแฟ	ráan gaa-fae
bar (m), cervejaria (f)	ร้านเหล้า	ráan lâo
salão (m) de chá	ร้านน้ำชา	ráan nám chaa
garçom (m)	คนเสิร์ฟชาย	khon sèrf chaai
garçonete (f)	คนเสิร์ฟหญิง	khon sèrf yĭng
barman (m)	บาร์เทนเดอร์	baa-thayn-dêr
cardápio (m)	เมนู	may-noo
lista (f) de vinhos	รายการไวน์	raai gaan wai
reservar uma mesa	จองโต๊ะ	jorng dtó
prato (m)	มื้ออาหาร	méu aa-hăan
pedir (vt)	สั่ง	sàng
fazer o pedido	สั่งอาหาร	sàng aa-hăan
aperitivo (m)	เครื่องดื่มเหล้าก่อนอาหาร	khrêuang dèum lâo gòrn aa-hăan
entrada (f)	ของกินเล่น	khŏrng gin lâyn
sobremesa (f)	ของหวาน	khŏrng wăan
conta (f)	คิดเงิน	khít ngern
pagar a conta	จ่ายค่าอาหาร	jàai khâa aa hăan
dar o troco	ให้เงินทอน	hâi ngern thorn
gorjeta (f)	เงินทิป	ngern thíp

50. Refeições

comida (f)	อาหาร	aa-hăan
comer (vt)	กิน	gin

café (m) da manhã	อาหารเช้า	aa-hăan cháo
tomar café da manhã	ทานอาหารเช้า	thaan aa-hăan cháo
almoço (m)	ข้าวเที่ยง	khâao thîang
almoçar (vi)	ทานอาหารเที่ยง	thaan aa-hăan thîang
jantar (m)	อาหารเย็น	aa-hăan yen
jantar (vi)	ทานอาหารเย็น	thaan aa-hăan yen
apetite (m)	ความอยากอาหาร	kwaam yàak aa hăan
Bom apetite!	กินให้อร่อย!	gin hâi a-ròi
abrir (~ uma lata, etc.)	เปิด	bpèrt
derramar (~ líquido)	ทำหก	tham hòk
derramar-se (vr)	ทำหกออกมา	tham hòk òrk maa
ferver (vi)	ต้ม	dtôm
ferver (vt)	ต้ม	dtôm
fervido (adj)	ต้ม	dtôm
esfriar (vt)	แช่เย็น	châe yen
esfriar-se (vr)	แช่เย็น	châe yen
sabor, gosto (m)	รสชาติ	rót châat
fim (m) de boca	รส	rót
emagrecer (vi)	ลดน้ำหนัก	lót nám nàk
dieta (f)	อาหารพิเศษ	aa-hăan phí-sàyt
vitamina (f)	วิตามิน	wí-dtaa-min
caloria (f)	แคลอรี่	khae-lor-rêe
vegetariano (m)	คนกินเจ	khon gin jay
vegetariano (adj)	มังสวิรัติ	mang-sà-wí-rát
gorduras (f pl)	ไขมัน	khăi man
proteínas (f pl)	โปรตีน	bproh-dteen
carboidratos (m pl)	คาร์โบไฮเดรต	kaa-boh-hai-dràyt
fatia (~ de limão, etc.)	แผ่น	phàen
pedaço (~ de bolo)	ชิ้น	chín
migalha (f), farelo (m)	เศษ	sàyt

51. Pratos cozinhados

prato (m)	มื้ออาหาร	méu aa-hăan
cozinha (~ portuguesa)	อาหาร	aa-hăan
receita (f)	ตำราอาหาร	dtam-raa aa-hăan
porção (f)	ส่วน	sùan
salada (f)	สลัด	sà-làt
sopa (f)	ซุป	súp
caldo (m)	ซุปน้ำใส	súp nám-săi
sanduíche (m)	แซนด์วิช	saen-wít
ovos (m pl) fritos	ไข่ทอด	khài thôrt
hambúrguer (m)	แฮมเบอร์เกอร์	haem-ber-gêr
bife (m)	สเต็กเนื้อ	sà-dtèk néua

acompanhamento (m)	เครื่องเคียง	khrêuang khiang
espaguete (m)	สปาเก็ตตี้	sà-bpaa-gèt-dtêe
purê (m) de batata	มันฝรั่งบด	man fà-ràng bòt
pizza (f)	พิซซ่า	phít-sâa
mingau (m)	ข้าวต้ม	khâao-dtôm
omelete (f)	ไข่เจียว	khài jieow
fervido (adj)	ต้ม	dtôm
defumado (adj)	รมควัน	rom khwan
frito (adj)	ทอด	thôrt
seco (adj)	ตากแห้ง	dtàak hâeng
congelado (adj)	แช่แข็ง	châe khăeng
em conserva (adj)	ดอง	dorng
doce (adj)	หวาน	wăan
salgado (adj)	เค็ม	khem
frio (adj)	เย็น	yen
quente (adj)	ร้อน	rórn
amargo (adj)	ขม	khŏm
gostoso (adj)	อร่อย	à-ròi
cozinhar em água fervente	ต้ม	dtôm
preparar (vt)	ทำอาหาร	tham aa-hăan
fritar (vt)	ทอด	thôrt
aquecer (vt)	อุ่น	ùn
salgar (vt)	ใส่เกลือ	sài gleua
apimentar (vt)	ใส่พริกไทย	sài phrík thai
ralar (vt)	ขูด	khòot
casca (f)	เปลือก	bplèuak
descascar (vt)	ปอกเปลือก	bpòrk bplêuak

52. Comida

carne (f)	เนื้อ	néua
galinha (f)	ไก่	gài
frango (m)	เนื้อลูกไก่	néua lôok gài
pato (m)	เป็ด	bpèt
ganso (m)	ห่าน	hàan
caça (f)	สัตว์ที่ล่า	sàt thêe lâa
peru (m)	ไก่งวง	gài nguang
carne (f) de porco	เนื้อหมู	néua mŏo
carne (f) de vitela	เนื้อลูกวัว	néua lôok wua
carne (f) de carneiro	เนื้อแกะ	néua gàe
carne (f) de vaca	เนื้อวัว	néua wua
carne (f) de coelho	เนื้อกระต่าย	néua grà-dtàai
linguiça (f), salsichão (m)	ไส้กรอก	sâi gròrk
salsicha (f)	ไส้กรอกเวียนนา	sâi gròrk wian-naa
bacon (m)	หมูเบคอน	mŏo bay-khorn
presunto (m)	แฮม	haem
pernil (m) de porco	แฮมแกมมอน	haem gaem-morn
patê (m)	ปาเต	bpaa dtay

fígado (m)	ตับ	dtàp
guisado (m)	เนื้อสับ	néua sàp
língua (f)	ลิ้น	lín
ovo (m)	ไข่	khài
ovos (m pl)	ไข่	khài
clara (f) de ovo	ไข่ขาว	khài khăao
gema (f) de ovo	ไข่แดง	khài daeng
peixe (m)	ปลา	bplaa
mariscos (m pl)	อาหารทะเล	aa hăan thá-lay
crustáceos (m pl)	สัตว์พวกกุ้งกั้งปู	sàt phûak gûng gâng bpoo
caviar (m)	ไข่ปลา	khài-bplaa
caranguejo (m)	ปู	bpoo
camarão (m)	กุ้ง	gûng
ostra (f)	หอยนางรม	hŏi naang rom
lagosta (f)	กุ้งมังกร	gûng mang-gon
polvo (m)	ปลาหมึก	bplaa mèuk
lula (f)	ปลาหมึกกล้วย	bplaa mèuk-glûay
esturjão (m)	ปลาสเตอร์เจียน	bpláa sà-dtêr jian
salmão (m)	ปลาแซลมอน	bplaa saen-morn
halibute (m)	ปลาตาเดียว	bplaa dtaa-dieow
bacalhau (m)	ปลาค็อด	bplaa khót
cavala, sarda (f)	ปลาแม็คเคอเร็ล	bplaa máek-kay-a-rĕn
atum (m)	ปลาทูน่า	bplaa thoo-nâa
enguia (f)	ปลาไหล	bplaa lăi
truta (f)	ปลาเทราท์	bplaa thrau
sardinha (f)	ปลาซาร์ดีน	bplaa saa-deen
lúcio (m)	ปลาไพค์	bplaa phai
arenque (m)	ปลาเฮอร์ริง	bplaa her-ring
pão (m)	ขนมปัง	khà-nŏm bpang
queijo (m)	เนยแข็ง	noie khăeng
açúcar (m)	น้ำตาล	nám dtaan
sal (m)	เกลือ	gleua
arroz (m)	ข้าว	khâao
massas (f pl)	พาสต้า	phâat-dtâa
talharim, miojo (m)	ก๋วยเตี๋ยว	gŭay-dtĭeow
manteiga (f)	เนย	noie
óleo (m) vegetal	น้ำมันพืช	nám man phêut
óleo (m) de girassol	น้ำมันดอกทานตะวัน	nám man dòrk thaan dtà-wan
margarina (f)	เนยเทียม	noie thiam
azeitonas (f pl)	มะกอก	má-gòrk
azeite (m)	น้ำมันมะกอก	nám man má-gòrk
leite (m)	นม	nom
leite (m) condensado	นมข้น	nom khôn
iogurte (m)	โยเกิร์ต	yoh-gèrt
creme (m) azedo	ซาวร์ครีม	saao khreem

creme (m) de leite	ครีม	khreem
maionese (f)	มาย็องเนส	maa-yorng-nâyt
creme (m)	ส่วนผสมของเนย และน้ำตาล	sùan phà-sŏm khŏrng noie láe nám dtaan
grãos (m pl) de cereais	เมล็ดธัญพืช	má-lét than-yá-phêut
farinha (f)	แป้ง	bpâeng
enlatados (m pl)	อาหารกระป๋อง	aa-hăan grà-bpŏrng
flocos (m pl) de milho	คอร์นเฟลค	khorn-flâyk
mel (m)	น้ำผึ้ง	nám phêung
geleia (m)	แยม	yaem
chiclete (m)	หมากฝรั่ง	màak fà-ràng

53. Bebidas

água (f)	น้ำ	nám
água (f) potável	น้ำดื่ม	nám dèum
água (f) mineral	น้ำแร่	nám râe
sem gás (adj)	ไม่มีฟอง	mâi mee forng
gaseificada (adj)	น้ำอัดลม	nám àt lom
com gás	มีฟอง	mee forng
gelo (m)	น้ำแข็ง	nám khăeng
com gelo	ใส่น้ำแข็ง	sài nám khăeng
não alcoólico (adj)	ไม่มีแอลกอฮอล์	mâi mee aen-gor-hor
refrigerante (m)	เครื่องดื่มที่ไม่มี แอลกอฮอล	krêuang dèum têe mâi mee aen-gor-hor
refresco (m)	เครื่องดื่มให้ ความสดชื่น	khrêuang dèum hâi khwaam sòt chêun
limonada (f)	น้ำเลมอนเนด	nám lay-morn-nâyt
bebidas (f pl) alcoólicas	เหล้า	lăo
vinho (m)	ไวน์	wai
vinho (m) branco	ไวน์ขาว	wai khăao
vinho (m) tinto	ไวน์แดง	wai daeng
licor (m)	สุรา	sù-raa
champanhe (m)	แชมเปญ	chaem-bpayn
vermute (m)	เหล้าองุ่นขาวซึ่งมี กลิ่นหอม	lâo a-ngùn khăao sêung mee glìn hŏrm
uísque (m)	เหล้าวิสกี้	lău wít-sa -gêe
vodca (f)	เหล้าวอดก้า	lău wórt-gâa
gim (m)	เหล้ายิน	lău yin
conhaque (m)	เหล้าคอนยัก	lău khorn yák
rum (m)	เหล้ารัม	lău ram
café (m)	กาแฟ	gaa-fae
café (m) preto	กาแฟดำ	gaa-fae dam
café (m) com leite	กาแฟใส่นม	gaa-fae sài nom
cappuccino (m)	กาแฟคาปูชิโน	gaa-fae khaa bpoo chí noh
café (m) solúvel	กาแฟสำเร็จรูป	gaa-fae săm-rèt rôop

leite (m)	นม	nom
coquetel (m)	ค็อกเทล	khók-tayn
batida (f), milkshake (m)	มิลค์เชค	min-châyk
suco (m)	น้ำผลไม้	nám phŏn-lá-máai
suco (m) de tomate	น้ำมะเขือเทศ	nám má-khĕua thâyt
suco (m) de laranja	น้ำส้ม	nám sôm
suco (m) fresco	น้ำผลไม้คั้นสด	nám phŏn-lá-máai khán sòt
cerveja (f)	เบียร์	bia
cerveja (f) clara	เบียร์ไลท์	bia lai
cerveja (f) preta	เบียร์ดาร์ค	bia dàak
chá (m)	ชา	chaa
chá (m) preto	ชาดำ	chaa dam
chá (m) verde	ชาเขียว	chaa khĭeow

54. Vegetais

vegetais (m pl)	ผัก	phàk
verdura (f)	ผักใบเขียว	phàk bai khĭeow
tomate (m)	มะเขือเทศ	má-khĕua thâyt
pepino (m)	แตงกวา	dtaeng-gwaa
cenoura (f)	แครอท	khae-rót
batata (f)	มันฝรั่ง	man fà-ràng
cebola (f)	หัวหอม	hŭa hŏrm
alho (m)	กระเทียม	grà-thiam
couve (f)	กะหล่ำปลี	gà-làm bplee
couve-flor (f)	ดอกกะหล่ำ	dòrk gà-làm
couve-de-bruxelas (f)	กะหล่ำดาว	gà-làm-daao
brócolis (m pl)	บร็อคโคลี่	bròrk-khoh-lêe
beterraba (f)	บีทรูท	bee-trôot
berinjela (f)	มะเขือยาว	má-khĕua-yaao
abobrinha (f)	แตงซูคินี	dtaeng soo-khí-nee
abóbora (f)	ฟักทอง	fák-thorng
nabo (m)	หัวผักกาด	hŭa-phàk-gàat
salsa (f)	ผักชีฝรั่ง	phàk chee fà-ràng
endro, aneto (m)	ผักชีลาว	phàk-chee-laao
alface (f)	ผักกาดหอม	phàk gàat hŏrm
aipo (m)	คื่นชาย	khêun-châai
aspargo (m)	หนอไมฝรั่ง	nòr máai fà-ràng
espinafre (m)	ผักขม	phàk khŏm
ervilha (f)	ถั่วลันเตา	thùa-lan-dtao
feijão (~ soja, etc.)	ถั่ว	thùa
milho (m)	ขาวโพด	khâao-phôht
feijão (m) roxo	ถั่วรูปไต	thùa rôop dtai
pimentão (m)	พริกหยวก	phrík-yùak
rabanete (m)	หัวไชเทา	hŭa chai tháo
alcachofra (f)	อาร์ติโชค	aa dtì chôhk

55. Frutos. Nozes

fruta (f)	ผลไม้	phŏn-lá-máai
maçã (f)	แอปเปิ้ล	àep-bpêrn
pera (f)	แพร์	phae
limão (m)	มะนาว	má-naao
laranja (f)	ส้ม	sôm
morango (m)	สตรอว์เบอร์รี่	sà-dtror-ber-rêe
tangerina (f)	ส้มแมนดาริน	sôm maen daa rin
ameixa (f)	พลัม	phlam
pêssego (m)	ลูกท้อ	lôok thór
damasco (m)	แอปริคอท	ae-bprì-khôrt
framboesa (f)	ราสเบอร์รี่	râat-ber-rêe
abacaxi (m)	สับปะรด	sàp-bpà-rót
banana (f)	กล้วย	glûay
melancia (f)	แตงโม	dtaeng moh
uva (f)	องุ่น	a-ngùn
ginja (f)	เชอร์รี่	cher-rêe
cereja (f)	เชอร์รี่ป่า	cher-rêe bpàa
melão (m)	เมลอน	may-lorn
toranja (f)	ส้มโอ	sôm oh
abacate (m)	อะโวคาโด	a-who-khaa-doh
mamão (m)	มะละกอ	má-lá-gor
manga (f)	มะม่วง	má-mûang
romã (f)	ทับทิม	tháp-thim
groselha (f) vermelha	เรดเคอร์แรนท์	râyt-khêr-raen
groselha (f) negra	แบล็คเคอร์แรนท์	blàek khêr-raen
groselha (f) espinhosa	กูสเบอร์รี่	gòot-ber-rêe
mirtilo (m)	บิลเบอร์รี่	bil-ber-rêe
amora (f) silvestre	แบล็คเบอร์รี่	blàek ber-rêe
passa (f)	ลูกเกด	lôok gàyt
figo (m)	มะเดื่อฝรั่ง	má dèua fà-ràng
tâmara (f)	ลูกอินทผลัม	lôok in-thá-plăm
amendoim (m)	ถั่วลิสง	thùa-lí-sŏng
amêndoa (f)	อัลมอนด์	an-morn
noz (f)	วอลนัต	wor-lá-nát
avelã (f)	เฮเซลนัท	hay sayn nát
coco (m)	มะพร้าว	má-phráao
pistaches (m pl)	ถั่วพิสตาชิโอ	thùa phít dtaa chí oh

56. Pão. Bolaria

pastelaria (f)	ขนม	khà-nŏm
pão (m)	ขนมปัง	khà-nŏm bpang
biscoito (m), bolacha (f)	คุกกี้	khúk-gêe
chocolate (m)	ช็อกโกแลต	chók-goh-láet
de chocolate	ช็อกโกแลต	chók-goh-láet

bala (f)	ลูกกวาด	lôok gwàat
doce (bolo pequeno)	ขนมเค้ก	khà-nŏm kháyk
bolo (m) de aniversário	ขนมเคก	khà-nŏm kháyk
torta (f)	ขนมพาย	khà-nŏm phaai
recheio (m)	ไส้ในขนม	sâi nai khà-nŏm
geleia (m)	แยม	yaem
marmelada (f)	แยมผิวส้ม	yaem phĭw sôm
wafers (m pl)	วาฟเฟิล	waaf-fern
sorvete (m)	ไอศกรีม	ai-sà-greem
pudim (m)	พุดดิ้ง	phút-dîng

57. Especiarias

sal (m)	เกลือ	gleua
salgado (adj)	เค็ม	khem
salgar (vt)	ใส่เกลือ	sài gleua
pimenta-do-reino (f)	พริกไทย	phrík thai
pimenta (f) vermelha	พริกแดง	phrík daeng
mostarda (f)	มัสตาร์ด	mát-dtàat
raiz-forte (f)	ฮอสแรดิช	hórt rae dìt
condimento (m)	เครื่องปรุงรส	khrêuang bprung rót
especiaria (f)	เครื่องเทศ	khrêuang thâyt
molho (~ inglês)	ซูอส	sós
vinagre (m)	น้ำส้มสายชู	nám sôm săai choo
anis estrelado (m)	เทียนสัตตบุษย์	thian-sàt-dtà-bùt
manjericão (m)	ใบโหระพา	bai hŏh rá phaa
cravo (m)	กานพลู	gaan-phloo
gengibre (m)	ขิง	khĭng
coentro (m)	ผักชีลา	pàk-chee-laa
canela (f)	อบเชย	òp-choie
gergelim (m)	งา	ngaa
folha (f) de louro	ใบกระวาน	bai grà-waan
páprica (f)	พริกป่น	phrík bpòn
cominho (m)	เทียนตากบ	thian dtaa gòp
açafrão (m)	หญ้าฝรั่น	yâa fà-ràn

INFORMAÇÃO PESSOAL. FAMÍLIA

58. Informação pessoal. Formulários

nome (m)	ชื่อ	chêu
sobrenome (m)	นามสกุล	naam sà-gun
data (f) de nascimento	วันเกิด	wan gèrt
local (m) de nascimento	สถานที่เกิด	sà-thăan thêe gèrt
nacionalidade (f)	สัญชาติ	săn-châat
lugar (m) de residência	ที่อยู่อาศัย	thêe yòo aa-săi
país (m)	ประเทศ	bprà-thâyt
profissão (f)	อาชีพ	aa-chêep
sexo (m)	เพศ	phâyt
estatura (f)	ความสูง	khwaam sŏong
peso (m)	น้ำหนัก	nám nàk

59. Membros da família. Parentes

mãe (f)	มารดา	maan-daa
pai (m)	บิดา	bì-daa
filho (m)	ลูกชาย	lôok chaai
filha (f)	ลูกสาว	lôok săao
caçula (f)	ลูกสาวคนเล็ก	lôok săao khon lék
caçula (m)	ลูกชายคนเล็ก	lôok chaai khon lék
filha (f) mais velha	ลูกสาวคนโต	lôok săao khon dtoh
filho (m) mais velho	ลูกชายคนโต	lôok chaai khon dtoh
irmão (m) mais velho	พี่ชาย	phêe chaai
irmão (m) mais novo	น้องชาย	nórng chaai
irmã (f) mais velha	พี่สาว	phêe săao
irmã (f) mais nova	น้องสาว	nórng săao
primo (m)	ลูกพี่ลูกน้อง	lôok phêe lôok nórng
prima (f)	ลูกพี่ลูกน้อง	lôok phêe lôok nórng
mamãe (f)	แม่	mâe
papai (m)	พ่อ	phôr
pais (pl)	พ่อแม่	phôr mâe
criança (f)	เด็ก, ลูก	dèk, lôok
crianças (f pl)	เด็กๆ	dèk dèk
avó (f)	ย่า, ยาย	yâa, yaai
avô (m)	ปู่, ตา	bpòo, dtaa
neto (m)	หลานชาย	lăan chaai
neta (f)	หลานสาว	lăan săao

netos (pl)	หลานๆ	lǎan
tio (m)	ลุง	lung
tia (f)	ป้า	bpâa
sobrinho (m)	หลานชาย	lǎan chaai
sobrinha (f)	หลานสาว	lǎan sǎao
sogra (f)	แม่ยาย	mâe yaai
sogro (m)	พ่อสามี	phôr sǎa-mee
genro (m)	ลูกเขย	lôok khǒie
madrasta (f)	แม่เลี้ยง	mâe líang
padrasto (m)	พ่อเลี้ยง	phôr líang
criança (f) de colo	ทารก	thaa-rók
bebê (m)	เด็กเล็ก	dèk lék
menino (m)	เด็ก	dèk
mulher (f)	ภรรยา	phan-rá-yaa
marido (m)	สามี	sǎa-mee
esposo (m)	สามี	sǎa-mee
esposa (f)	ภรรยา	phan-rá-yaa
casado (adj)	แต่งงานแล้ว	dtàeng ngaan láew
casada (adj)	แต่งงานแล้ว	dtàeng ngaan láew
solteiro (adj)	เป็นโสด	bpen sòht
solteirão (m)	ชายโสด	chaai sòht
divorciado (adj)	หย่าแล้ว	yàa láew
viúva (f)	แม่หม้าย	mâe mâai
viúvo (m)	พ่อหม้าย	phôr mâai
parente (m)	ญาติ	yâat
parente (m) próximo	ญาติใกล้ชิด	yâat glâi chít
parente (m) distante	ญาติห่างๆ	yâat hàang hàang
parentes (m pl)	ญาติๆ	yâat
órfão (m)	เด็กชายกำพร้า	dèk chaai gam phráa
órfã (f)	เด็กหญิงกำพร้า	dèk yǐng gam phráa
tutor (m)	ผู้ปกครอง	phôo bpòk khrorng
adotar (um filho)	บุญธรรม	bun tham
adotar (uma filha)	บุญธรรม	bun tham

60. Amigos. Colegas de trabalho

amigo (m)	เพื่อน	phêuan
amiga (f)	เพื่อน	phêuan
amizade (f)	มิตรภาพ	mít-dtrà-phâap
ser amigos	เป็นเพื่อน	bpen phêuan
amigo (m)	เพื่อนสนิท	phêuan sà-nìt
amiga (f)	เพื่อนสนิท	phêuan sà-nìt
parceiro (m)	หุ้นส่วน	hûn sùan
chefe (m)	หัวหน้า	hǔa-nâa
superior (m)	ผู้บังคับบัญชา	phôo bang-kháp ban-chaa
proprietário (m)	เจ้าของ	jâo khǒrng

subordinado (m)	**ลูกน้อง**	lôok nórng
colega (m, f)	**เพื่อนรวมงาน**	phêuan rûam ngaan
conhecido (m)	**ผู้คุ้นเคย**	phôo khún khoie
companheiro (m) de viagem	**เพื่อนรวมทาง**	pêuan rûam thaang
colega (m) de classe	**เพื่อนรุน**	phêuan rûn
vizinho (m)	**เพื่อนบ้านผู้ชาย**	phêuan bâan pôo chaai
vizinha (f)	**เพื่อนบานผูหญิง**	phêuan bâan phôo yĭng
vizinhos (pl)	**เพื่อนบาน**	phêuan bâan

CORPO HUMANO. MEDICINA

61. Cabeça

cabeça (f)	หัว	hŭa
rosto, cara (f)	หน้า	nâa
nariz (m)	จมูก	jà-mòok
boca (f)	ปาก	bpàak
olho (m)	ตา	dtaa
olhos (m pl)	ตา	dtaa
pupila (f)	รูม่านตา	roo mâan dtaa
sobrancelha (f)	คิ้ว	khíw
cílio (f)	ขนตา	khŏn dtaa
pálpebra (f)	เปลือกตา	bplèuak dtaa
língua (f)	ลิ้น	lín
dente (m)	ฟัน	fan
lábios (m pl)	ริมฝีปาก	rim fĕe bpàak
maçãs (f pl) do rosto	โหนกแกม	nòhk gâem
gengiva (f)	เหงือก	ngèuak
palato (m)	เพดานปาก	phay-daan bpàak
narinas (f pl)	รูจมูก	roo jà-mòok
queixo (m)	คาง	khaang
mandíbula (f)	ขากรรไกร	khăa gan-grai
bochecha (f)	แกม	gâem
testa (f)	หน้าผาก	nâa phàak
têmpora (f)	ขมับ	khà-màp
orelha (f)	หู	hŏo
costas (f pl) da cabeça	หลังศีรษะ	lăng sĕe-sà
pescoço (m)	คอ	khor
garganta (f)	ลำคอ	lam khor
cabelo (m)	ผม	phŏm
penteado (m)	ทรงผม	song phŏm
corte (m) de cabelo	ทรงผม	song phŏm
peruca (f)	ผมปลอม	phŏm bplorm
bigode (m)	หนวด	nùat
barba (f)	เครา	krao
ter (~ barba, etc.)	ลองไว้	lorng wái
trança (f)	ผมเปีย	phŏm bpia
suíças (f pl)	จอน	jorn
ruivo (adj)	ผมแดง	phŏm daeng
grisalho (adj)	ผมหงอก	phŏm ngòrk
careca (adj)	หัวล้าน	hŭa láan
calva (f)	หัวล้าน	hŭa láan

rabo-de-cavalo (m)	ผมทรงหางม้า	phǒm song hǎang máa
franja (f)	ผมม้า	phǒm máa

62. Corpo humano

mão (f)	มือ	meu
braço (m)	แขน	khǎen
dedo (m)	นิ้ว	níw
dedo (m) do pé	นิ้วเท้า	níw tháo
polegar (m)	นิ้วโป้ง	níw bpôhng
dedo (m) mindinho	นิ้วก้อย	níw gôi
unha (f)	เล็บ	lép
punho (m)	กำปั้น	gam bpân
palma (f)	ฝ่ามือ	fàa meu
pulso (m)	ข้อมือ	khôr meu
antebraço (m)	แขนช่วงล่าง	khǎen chûang lâang
cotovelo (m)	ข้อศอก	khôr sòrk
ombro (m)	ไหล่	lài
perna (f)	ขา	khǎa
pé (m)	เท้า	tháo
joelho (m)	หัวเข่า	hǔa khào
panturrilha (f)	น่อง	nôrng
quadril (m)	สะโพก	sà-phôhk
calcanhar (m)	ส้นเท้า	sôn tháo
corpo (m)	ร่างกาย	râang gaai
barriga (f), ventre (m)	ท้อง	thórng
peito (m)	อก	òk
seio (m)	หน้าอก	nâa òk
lado (m)	ข้าง	khâang
costas (dorso)	หลัง	lǎng
região (f) lombar	หลังส่วนล่าง	lǎng sùan lâang
cintura (f)	เอว	eo
umbigo (m)	สะดือ	sà-deu
nádegas (f pl)	ก้น	gôn
traseiro (m)	ก้น	gôn
sinal (m), pinta (f)	ไฝเสน่ห์	fǎi sà-này
sinal (m) de nascença	ปาน	bpaan
tatuagem (f)	รอยสัก	roi sàk
cicatriz (f)	แผลเป็น	phlǎe bpen

63. Doenças

doença (f)	โรค	rôhk
estar doente	ป่วย	bpùay
saúde (f)	สุขภาพ	sùk-khà-phâap
nariz (m) escorrendo	น้ำมูกไหล	nám môok lǎi

amigdalite (f)	ต่อมทอนซิลอักเสบ	dtòm thorn-sin àk-sàyp
resfriado (m)	หวัด	wàt
ficar resfriado	เป็นหวัด	bpen wàt
bronquite (f)	โรคหลอดลมอักเสบ	rôhk lòrt lom àk-sàyp
pneumonia (f)	โรคปอดบวม	rôhk bpòrt-buam
gripe (f)	ไข้หวัดใหญ่	khâi wàt yài
míope (adj)	สายตาสั้น	sǎai dtaa sân
presbita (adj)	สายตายาว	sǎai dtaa yaao
estrabismo (m)	ตาเหล่	dtaa lày
estrábico, vesgo (adj)	เป็นตาเหล่	bpen dtaa kǎy rěu lày
catarata (f)	ต้อกระจก	dtôr grà-jòk
glaucoma (m)	ต้อหิน	dtôr hǐn
AVC (m), apoplexia (f)	โรคหลอดเลือดสมอง	rôhk lòrt lêuat sà-mǒrng
ataque (m) cardíaco	อาการหัวใจวาย	aa-gaan hǔa jai waai
enfarte (m) do miocárdio	กล้ามเนื้อหัวใจตาย เหตุขาดเลือด	glâam néua hǔa jai dtaai hàyt khàat lêuat
paralisia (f)	อัมพาต	am-má-phâat
paralisar (vt)	ทำให้เป็นอัมพาต	tham hâi bpen am-má-phâat
alergia (f)	ภูมิแพ้	phoom pháe
asma (f)	โรคหืด	rôhk hèut
diabetes (f)	โรคเบาหวาน	rôhk bao wǎan
dor (f) de dente	อาการปวดฟัน	aa-gaan bpùat fan
cárie (f)	ฟันผุ	fan phù
diarreia (f)	อาการท้องเสีย	aa-gaan thórng sǐa
prisão (f) de ventre	อาการท้องผูก	aa-gaan thórng phòok
desarranjo (m) intestinal	อาการปวดท้อง	aa-gaan bpùat thórng
intoxicação (f) alimentar	ภาวะอาหารเป็นพิษ	phaa-wá aa hǎan bpen pít
intoxicar-se	กินอาหารเป็นพิษ	gin aa hǎan bpen phít
artrite (f)	โรคข้ออักเสบ	rôhk khôr àk-sàyp
raquitismo (m)	โรคกระดูกอ่อน	rôhk grà-dòok òrn
reumatismo (m)	โรครูมาติก	rôhk roo-maa-dtìk
arteriosclerose (f)	ภาวะหลอดเลือดแข็ง	phaa-wá lòrt lêuat khǎeng
gastrite (f)	โรคกระเพาะอาหาร	rôhk grà-phór aa-hǎan
apendicite (f)	ไส้ติ่งอักเสบ	sâi dtìng àk-sàyp
colecistite (f)	โรคถุงน้ำดีอักเสบ	rôhk thǔng nám dee àk-sàyp
úlcera (f)	แผลเปื่อย	phlǎe bpèuay
sarampo (m)	โรคหัด	rôhk hàt
rubéola (f)	โรคหัดเยอรมัน	rôhk hàt yer-rá-man
icterícia (f)	โรคดีซ่าน	rôhk dee sâan
hepatite (f)	โรคตับอักเสบ	rôhk dtàp àk-sàyp
esquizofrenia (f)	โรคจิตเภท	rôhk jìt-dtà-phâyt
raiva (f)	โรคพิษสุนัขบ้า	rôhk phít sù-nák bâa
neurose (f)	โรคประสาท	rôhk bprà-sàat
contusão (f) cerebral	สมองกระทบ กระเทือน	sà-mǒrng grà-thóp grà-theuan
câncer (m)	มะเร็ง	má-reng

esclerose (f)	การแข็งตัวของ เนื้อเยื่อร่างกาย	gaan kăeng dtua kŏng néua yêua râang gaai
esclerose (f) múltipla	โรคปลอกประสาท เสื่อมแข็ง	rôhk bplòk bprà-sàat sèuam kăeng
alcoolismo (m)	โรคพิษสุราเรื้อรัง	rôhk phít sù-raa réua rang
alcoólico (m)	คนขี้เหล้า	khon khêe lâo
sífilis (f)	โรคซิฟิลิส	rôhk sí-fí-lít
AIDS (f)	โรคเอดส์	rôhk àyt
tumor (m)	เนื้องอก	néua ngôk
maligno (adj)	ร้าย	ráai
benigno (adj)	ไม่ร้าย	mâi ráai
febre (f)	ไข้	khâi
malária (f)	ไข้มาลาเรีย	kâi maa-laa-ria
gangrena (f)	เนื้อตายเน่า	néua dtaai nâo
enjoo (m)	ภาวะเมาคลื่น	phaa-wá mao khlêun
epilepsia (f)	โรคลมบ้าหมู	rôhk lom bâa-mŏo
epidemia (f)	โรคระบาด	rôhk rá-bàat
tifo (m)	โรครากสาดใหญ่	rôhk râak-sàat yài
tuberculose (f)	วัณโรค	wan-ná-rôhk
cólera (f)	อหิวาตกโรค	a-hì-wâat-gà-rôhk
peste (f) bubônica	กาฬโรค	gaan-lá-rôhk

64. Sintomas. Tratamentos. Parte 1

sintoma (m)	อาการ	aa-gaan
temperatura (f)	อุณหภูมิ	un-hà-phoom
febre (f)	อุณหภูมิสูง	un-hà-phoom sŏong
pulso (m)	ชีพจร	chêep-phá-jon
vertigem (f)	อาการเวียนหัว	aa-gaan wian hŭa
quente (testa, etc.)	ร้อน	rórn
calafrio (m)	หนาวสั่น	năao sàn
pálido (adj)	หน้าเซียว	nâa sieow
tosse (f)	การไอ	gaan ai
tossir (vi)	ไอ	ai
espirrar (vi)	จาม	jaam
desmaio (m)	การเป็นลม	gaan bpen lom
desmaiar (vi)	เป็นลม	bpen lom
mancha (f) preta	ฟกช้ำ	fók chám
galo (m)	บวม	buam
machucar-se (vr)	ชน	chon
contusão (f)	รอยฟกช้ำ	roi fók chám
machucar-se (vr)	ได้รอยช้ำ	dâai roi chám
mancar (vi)	กะโผลกกะเผลก	gà-phlòhk-gà-phlàyk
deslocamento (f)	ข้อหลุด	khôr lùt
deslocar (vt)	ทำข้อหลุด	tham khôr lùt
fratura (f)	กระดูกหัก	grà-dòok hàk

fraturar (vt)	หักกระดูก	hàk grà-dòok
corte (m)	รอยบาด	roi bàat
cortar-se (vr)	ทำบาด	tham bàat
hemorragia (f)	การเลือดไหล	gaan lêuat lăi
queimadura (f)	แผลไฟไหม้	phlăe fai mâi
queimar-se (vr)	ได้รับแผลไฟไหม้	dâai ráp phlăe fai mâi
picar (vt)	ตำ	dtam
picar-se (vr)	ตำตัวเอง	dtam dtua ayng
lesionar (vt)	ทำให้บาดเจ็บ	tham hâi bàat jèp
lesão (m)	การบาดเจ็บ	gaan bàat jèp
ferida (f), ferimento (m)	แผล	phlăe
trauma (m)	แผลบาดเจ็บ	phlăe bàat jèp
delirar (vi)	คลุ้มคลั่ง	khlúm khlâng
gaguejar (vi)	พูดตะกุกตะกัก	phôot dtà-gùk-dtà-gàk
insolação (f)	โรคลมแดด	rôhk lom dàet

65. Sintomas. Tratamentos. Parte 2

dor (f)	ความเจ็บปวด	khwaam jèp bpùat
farpa (no dedo, etc.)	เสี้ยน	sîan
suor (m)	เหงื่อ	ngèua
suar (vi)	เหงื่อออก	ngèua òrk
vômito (m)	การอาเจียน	gaan aa-jian
convulsões (f pl)	การชัก	gaan chák
grávida (adj)	ตั้งครรภ์	dtâng khan
nascer (vi)	เกิด	gèrt
parto (m)	การคลอด	gaan khlôrt
dar à luz	คลอดบุตร	khlôrt bùt
aborto (m)	การแท้งบุตร	gaan tháeng bùt
respiração (f)	การหายใจ	gaan hăai-jai
inspiração (f)	การหายใจเข้า	gaan hăai-jai khâo
expiração (f)	การหายใจออก	gaan hăai-jai òrk
expirar (vi)	หายใจออก	hăai-jai òrk
inspirar (vi)	หายใจเข้า	hăai-jai khâo
inválido (m)	คนพิการ	khon phí-gaan
aleijado (m)	พิการ	phí-gaan
drogado (m)	ผู้ติดยาเสพติด	phôo dtìt yaa-sàyp-dtìt
surdo (adj)	หูหนวก	hŏo nùak
mudo (adj)	เป็นใบ้	bpen bâi
surdo-mudo (adj)	หูหนวกเป็นใบ้	hŏo nùak bpen bâi
louco, insano (adj)	บ้า	bâa
louco (m)	คนบ้า	khon bâa
louca (f)	คนบ้า	khon bâa
ficar louco	เสียสติ	sĭa sà-dtì
gene (m)	ยีน	yeun

imunidade (f)	ภูมิคุ้มกัน	phoom khúm gan
hereditário (adj)	เป็นกรรมพันธุ์	bpen gam-má-phan
congênito (adj)	แต่กำเนิด	dtàe gam-nèrt
vírus (m)	เชื้อไวรัส	chéua wai-rát
micróbio (m)	จุลินทรีย์	jù-lin-see
bactéria (f)	แบคทีเรีย	bàek-tee-ria
infecção (f)	การติดเชื้อ	gaan dtìt chéua

66. Sintomas. Tratamentos. Parte 3

hospital (m)	โรงพยาบาล	rohng phá-yaa-baan
paciente (m)	ผู้ป่วย	phôo bpùay
diagnóstico (m)	การวินิจฉัยโรค	gaan wí-nít-chăi rôhk
cura (f)	การรักษา	gaan rák-săa
tratamento (m) médico	การรักษา ทางการแพทย์	gaan rák-săa thaang gaan phâet
curar-se (vr)	รับการรักษา	ráp gaan rák-săa
tratar (vt)	รักษา	rák-săa
cuidar (pessoa)	รักษา	rák-săa
cuidado (m)	การดูแลรักษา	gaan doo lae rák-săa
operação (f)	การผ่าตัด	gaan phàa dtàt
enfaixar (vt)	พันแผล	phan phlăe
enfaixamento (m)	การพันแผล	gaan phan phlăe
vacinação (f)	การฉีดวัคซีน	gaan chèet wák-seen
vacinar (vt)	ฉีดวัคซีน	chèet wák-seen
injeção (f)	การฉีดยา	gaan chèet yaa
dar uma injeção	ฉีดยา	chèet yaa
ataque (~ de asma, etc.)	มีอาการเฉียบพลัน	mee aa-gaan chìap phlan
amputação (f)	การตัดอวัยวะออก	gaan dtàt a-wai-wá òrk
amputar (vt)	ตัด	dtàt
coma (f)	อาการโคม่า	aa-gaan khoh-mâa
estar em coma	อยู่ในอาการโคม่า	yòo nai aa-gaan khoh-mâa
reanimação (f)	หน่วยอภิบาล	nùay à-phí-baan
recuperar-se (vr)	ฟื้นตัว	féun dtua
estado (~ de saúde)	อาการ	aa-gaan
consciência (perder a ~)	สติสัมปชัญญะ	sà-dtì săm-bpà-chan-yá
memória (f)	ความทรงจำ	khwaam song jam
tirar (vt)	ถอน	thŏrn
obturação (f)	การอุด	gaan ùt
obturar (vt)	อุด	ùt
hipnose (f)	การสะกดจิต	gaan sà-gòt jìt
hipnotizar (vt)	สะกดจิต	sà-gòt jìt

67. Medicina. Drogas. Acessórios

medicamento (m)	ยา	yaa
remédio (m)	ยา	yaa
receitar (vt)	จ่ายยา	jàai yaa
receita (f)	ใบสั่งยา	bai sàng yaa
comprimido (m)	ยาเม็ด	yaa mét
unguento (m)	ยาทา	yaa thaa
ampola (f)	หลอดยา	lòrt yaa
solução, preparado (m)	ยาส่วนผสม	yaa sùan phà-sŏm
xarope (m)	น้ำเชื่อม	nám chêuam
cápsula (f)	ยาเม็ด	yaa mét
pó (m)	ยาผง	yaa phŏng
atadura (f)	ผ้าพันแผล	phâa phan phlăe
algodão (m)	สำลี	săm-lee
iodo (m)	ไอโอดีน	ai oh-deen
curativo (m) adesivo	พลาสเตอร์	phláat-dtêr
conta-gotas (m)	ที่หยอดตา	thêe yòrt dtaa
termômetro (m)	ปรอท	bpa -ròrt
seringa (f)	เข็มฉีดยา	khĕm chèet-yaa
cadeira (f) de rodas	รถเข็นคนพิการ	rót khĕn khon phí-gaan
muletas (f pl)	ไม้ค้ำยัน	máai khám yan
analgésico (m)	ยาแก้ปวด	yaa gâe bpùat
laxante (m)	ยาระบาย	yaa rá-baai
álcool (m)	เอธานอล	ay-thaa-norn
ervas (f pl) medicinais	สมุนไพร ทางการแพทย์	sà-mŭn phrai thaang gaan phâet
de ervas (chá ~)	สมุนไพร	sà-mŭn phrai

APARTAMENTO

68. Apartamento

apartamento (m)	อพาร์ตเมนต์	a-phâat-mayn
quarto, cômodo (m)	ห้อง	hôrng
quarto (m) de dormir	ห้องนอน	hôrng norn
sala (f) de jantar	ห้องรับประทานอาหาร	hôrng ráp bprà-thaan aa-hǎan
sala (f) de estar	ห้องนั่งเล่น	hôrng nâng lên
escritório (m)	ห้องทำงาน	hôrng tham ngaan
sala (f) de entrada	ห้องเข้า	hôrng khâo
banheiro (m)	ห้องน้ำ	hôrng náam
lavabo (m)	ห้องส้วม	hôrng sûam
teto (m)	เพดาน	phay-daan
chão, piso (m)	พื้น	phéun
canto (m)	มุม	mum

69. Mobiliário. Interior

mobiliário (m)	เครื่องเรือน	khrêuang reuan
mesa (f)	โต๊ะ	dtó
cadeira (f)	เก้าอี้	gâo-êe
cama (f)	เตียง	dtiang
sofá, divã (m)	โซฟา	soh-faa
poltrona (f)	เก้าอี้เท้าแขน	gâo-êe tháo khǎen
estante (f)	ตู้หนังสือ	dtôo nǎng-sěu
prateleira (f)	ชั้นวาง	chán waang
guarda-roupas (m)	ตู้เสื้อผ้า	dtôo sêua phâa
cabide (m) de parede	ที่แขวนเสื้อ	thêe khwǎen sêua
cabideiro (m) de pé	ไม้แขวนเสื้อ	mái khwǎen sêua
cômoda (f)	ตู้ลิ้นชัก	dtôo lín chák
mesinha (f) de centro	โต๊ะกาแฟ	dtó gaa-fae
espelho (m)	กระจก	grà-jòk
tapete (m)	พรม	phrom
tapete (m) pequeno	พรมเช็ดเท้า	phrom chét tháo
lareira (f)	เตาผิง	dtao phǐng
vela (f)	เทียน	thian
castiçal (m)	เชิงเทียน	cherng thian
cortinas (f pl)	ผ้าแขวน	phâa khwǎen
papel (m) de parede	วอลเปเปอร์	worn-bpay-bper

persianas (f pl)	บานเกล็ดหน้าต่าง	baan glèt nâa dtàang
luminária (f) de mesa	โคมไฟตั้งโต๊ะ	khohm fai dtâng dtó
luminária (f) de parede	ไฟติดผนัง	fai dtìt phà-năng
abajur (m) de pé	โคมไฟตั้งพื้น	khohm fai dtâng phéun
lustre (m)	โคมระยา	khohm rá-yáa
pé (de mesa, etc.)	ขา	khăa
braço, descanso (m)	ที่พักแขน	thêe phák khăen
costas (f pl)	พนักพิง	phá-nák phing
gaveta (f)	ลิ้นชัก	lín chák

70. Quarto de dormir

roupa (f) de cama	ชุดผ้าปูที่นอน	chút phâa bpoo thêe norn
travesseiro (m)	หมอน	mŏrn
fronha (f)	ปลอกหมอน	bplòk mŏrn
cobertor (m)	ผ้าผวย	phâa phŭay
lençol (m)	ผ้าปู	phâa bpoo
colcha (f)	ผ้าคลุมเตียง	phâa khlum dtiang

71. Cozinha

cozinha (f)	ห้องครัว	hôrng khrua
gás (m)	แกส	gáet
fogão (m) a gás	เตาแก๊ส	dtao gàet
fogão (m) elétrico	เตาไฟฟ้า	dtao fai-fáa
forno (m)	เตาอบ	dtao òp
forno (m) de micro-ondas	เตาอบไมโครเวฟ	dtao òp mai-khroh-we p
geladeira (f)	ตู้เย็น	dtôo yen
congelador (m)	ตู้แช่แข็ง	dtôo châe khăeng
máquina (f) de lavar louça	เครื่องล้างจาน	khrêuang láang jaan
moedor (m) de carne	เครื่องบดเนื้อ	khrêuang bòt néua
espremedor (m)	เครื่องคั้นน้ำผลไม้	khrêuang khán náam phŏn-lá-mái
torradeira (f)	เครื่องปิ้งขนมปัง	khrêuang bpîng khà-nŏm bpang
batedeira (f)	เครื่องปั่น	khrêuang bpàn
máquina (f) de café	เครื่องชงกาแฟ	khrêuang chong gaa-fae
cafeteira (f)	หม้อกาแฟ	môr gaa-fae
moedor (m) de café	เครื่องบดกาแฟ	khrêuang bòt gaa-fae
chaleira (f)	กาน้ำ	gaa náam
bule (m)	กาน้ำชา	gaa náam chaa
tampa (f)	ฝา	făa
coador (m) de chá	ที่กรองชา	thêe grorng chaa
colher (f)	ช้อน	chórn
colher (f) de chá	ช้อนชา	chórn chaa
colher (f) de sopa	ช้อนซุป	chórn súp

garfo (m)	ส้อม	sôrm
faca (f)	มีด	mêet
louça (f)	ถ้วยชาม	thûay chaam
prato (m)	จาน	jaan
pires (m)	จานรอง	jaan rorng
cálice (m)	แก้วช็อต	gâew chórt
copo (m)	แก้ว	gâew
xícara (f)	ถ้วย	thûay
açucareiro (m)	โถน้ำตาล	thŏh náam dtaan
saleiro (m)	กระปุกเกลือ	grà-bpùk gleua
pimenteiro (m)	กระปุกพริกไท	grà-bpùk phrík thai
manteigueira (f)	ที่ใส่เนย	thêe sài noie
panela (f)	หม้อต้ม	môr dtôm
frigideira (f)	กระทะ	grà-thá
concha (f)	กระบวย	grà-buay
coador (m)	กระชอน	grà chorn
bandeja (f)	ถาด	thàat
garrafa (f)	ขวด	khùat
pote (m) de vidro	ขวดโหล	khùat lŏh
lata (~ de cerveja)	กระป๋อง	grà-bpŏrng
abridor (m) de garrafa	ที่เปิดขวด	thêe bpèrt khùat
abridor (m) de latas	ที่เปิดกระป๋อง	thêe bpèrt grà-bpŏrng
saca-rolhas (m)	ที่เปิดจุก	thêe bpèrt jùk
filtro (m)	ที่กรอง	thêe grorng
filtrar (vt)	กรอง	grorng
lixo (m)	ขยะ	khà-yà
lixeira (f)	ถังขยะ	thăng khà-yà

72. Casa de banho

banheiro (m)	ห้องน้ำ	hôrng náam
água (f)	น้ำ	nám
torneira (f)	ก็อกน้ำ	gòk náam
água (f) quente	น้ำรอน	nám rórn
água (f) fria	น้ำเย็น	nám yen
pasta (f) de dente	ยาสีฟัน	yaa sěe fan
escovar os dentes	แปรงฟัน	bpraeng fan
escova (f) de dente	แปรงสีฟัน	bpraeng sěe fan
barbear-se (vr)	โกน	gohn
espuma (f) de barbear	โฟมโกนหนวด	fohm gohn nùat
gilete (f)	มีดโกน	mêet gohn
lavar (vt)	ล้าง	láang
tomar banho	อาบ	àap
chuveiro (m), ducha (f)	ฝักบัว	fàk bua

tomar uma ducha	อาบน้ำฝักบัว	àap náam fàk bua
banheira (f)	อ่างอาบน้ำ	àang àap náam
vaso (m) sanitário	โถชักโครก	thŏh chák khrôhk
pia (f)	อ่างล้างหน้า	àang láang-nâa
sabonete (m)	สบู่	sà-bòo
saboneteira (f)	ที่ใส่สบู่	thêe sài sà-bòo
esponja (f)	ฟองน้ำ	forng náam
xampu (m)	แชมพู	chaem-phoo
toalha (f)	ผ้าเช็ดตัว	phâa chét dtua
roupão (m) de banho	เสื้อคลุมอาบน้ำ	sêua khlum àap náam
lavagem (f)	การซักผ้า	gaan sák phâa
lavadora (f) de roupas	เครื่องซักผ้า	khrêuang sák phâa
lavar a roupa	ซักผ้า	sák phâa
detergente (m)	ผงซักฟอก	phŏng sák-fôrk

73. Eletrodomésticos

televisor (m)	ทีวี	thee-wee
gravador (m)	เครื่องบันทึกเทป	khrêuang ban-théuk thâyp
videogravador (m)	เครื่องบันทึกวิดีโอ	khrêuang ban-théuk wí-dee-oh
rádio (m)	วิทยุ	wít-thá-yú
leitor (m)	เครื่องเล่น	khrêuang lên
projetor (m)	โปรเจ็คเตอร์	bproh-jèk-dtêr
cinema (m) em casa	เครื่องฉายภาพยนตร์ที่บ้าน	khhrêuang chăai phâap-phá-yon thêe bâan
DVD Player (m)	เครื่องเล่น DVD	khrêuang lên dee-wee-dee
amplificador (m)	เครื่องขยายเสียง	khrêuang khà-yăai sĭang
console (f) de jogos	เครื่องเกมคอนโซล	khrêuang gaym khorn sohn
câmera (f) de vídeo	กล้องถ่ายวิดีโอ	glôrng thàai wí-dee-oh
máquina (f) fotográfica	กล้องถ่ายรูป	glôrng thàai rôop
câmera (f) digital	กล้องดิจิตอล	glôrng dì-jì-dton
aspirador (m)	เครื่องดูดฝุ่น	khrêuang dòot fùn
ferro (m) de passar	เตารีด	dtao rêet
tábua (f) de passar	กระดานรองรีด	grà-daan rorng rêet
telefone (m)	โทรศัพท์	thoh-rá-sàp
celular (m)	มือถือ	meu thĕu
máquina (f) de escrever	เครื่องพิมพ์ดีด	khrêuang phim dèet
máquina (f) de costura	จักรเย็บผ้า	jàk yép phâa
microfone (m)	ไมโครโฟน	mai-khroh-fohn
fone (m) de ouvido	หูฟัง	hŏo fang
controle remoto (m)	รีโมตทีวี	ree môht thee wee
CD (m)	CD	see-dee
fita (f) cassete	เทป	thâyp
disco (m) de vinil	จานเสียง	jaan sĭang

A TERRA. TEMPO

74. Espaço sideral

espaço, cosmo (m)	อวกาศ	a-wá-gàat
espacial, cósmico (adj)	ทางอวกาศ	thang a-wá-gàat
espaço (m) cósmico	อวกาศ	a-wá-gàat
mundo (m)	โลก	lôhk
universo (m)	จักรวาล	jàk-grà-waan
galáxia (f)	ดาราจักร	daa-raa jàk
estrela (f)	ดาว	daao
constelação (f)	กลุ่มดาว	glùm daao
planeta (m)	ดาวเคราะห์	daao khrór
satélite (m)	ดาวเทียม	daao thiam
meteorito (m)	ดาวตก	daao dtòk
cometa (m)	ดาวหาง	daao hǎang
asteroide (m)	ดาวเคราะห์น้อย	daao khrór nói
órbita (f)	วงโคจร	wong khoh-jon
girar (vi)	เวียน	wian
atmosfera (f)	บรรยากาศ	ban-yaa-gàat
Sol (m)	ดวงอาทิตย์	duang aa-thít
Sistema (m) Solar	ระบบสุริยะ	rá-bòp sù-rí-yá
eclipse (m) solar	สุริยุปราคา	sù-rí-yú-bpà-raa-kaa
Terra (f)	โลก	lôhk
Lua (f)	ดวงจันทร์	duang jan
Marte (m)	ดาวอังคาร	daao ang-khaan
Vênus (f)	ดาวศุกร์	daao sùk
Júpiter (m)	ดาวพฤหัส	daao phá-réu-hàt
Saturno (m)	ดาวเสาร์	daao sǎo
Mercúrio (m)	ดาวพุธ	daao phút
Urano (m)	ดาวยูเรนัส	daao-yoo-ray-nát
Netuno (m)	ดาวเนปจูน	daao-nâyp-joon
Plutão (m)	ดาวพลูโต	daao phloo-dtoh
Via Láctea (f)	ทางช้างเผือก	thaang cháang phèuak
Ursa Maior (f)	กลุ่มดาวหมีใหญ่	glùm daao měe yài
Estrela Polar (f)	ดาวเหนือ	daao něua
marciano (m)	ชาวดาวอังคาร	chaao daao ang-khaan
extraterrestre (m)	มนุษย์ต่างดาว	má-nút dtàang daao
alienígena (m)	มนุษย์ต่างดาว	má-nút dtàang daao
disco (m) voador	จานบิน	jaan bin

espaçonave (f)	ยานอวกาศ	yaan a-wá-gàat
estação (f) orbital	สถานีอวกาศ	sà-thăa-nee a-wá-gàat
lançamento (m)	การปล่อยจรวด	gaan bplòi jà-rùat
motor (m)	เครื่องยนต์	khrêuang yon
bocal (m)	ท่อไอพ่น	thôr ai phôn
combustível (m)	เชื้อเพลิง	chéua phlerng
cabine (f)	ที่นั่งคนขับ	thêe nâng khon khàp
antena (f)	เสาอากาศ	săo aa-gàat
vigia (f)	ช่อง	chôrng
bateria (f) solar	อุปกรณ์พลังงานแสงอาทิตย์	ù-bpà-gon phá-lang ngaan săeng aa-thít
traje (m) espacial	ชุดอวกาศ	chút a-wá-gàat
imponderabilidade (f)	สภาพไร้น้ำหนัก	sà-phâap rái nám nàk
oxigênio (m)	อ็อกซิเจน	ók sí jayn
acoplagem (f)	การเทียบท่า	gaan thîap thâa
fazer uma acoplagem	เทียบท่า	thîap thâa
observatório (m)	หอดูดาว	hŏr doo daao
telescópio (m)	กล้องโทรทรรศน์	glôrng thoh-rá-thát
observar (vt)	เฝ้าสังเกต	fâo săng-gàyt
explorar (vt)	สำรวจ	săm-rùat

75. A Terra

Terra (f)	โลก	lôhk
globo terrestre (Terra)	ลูกโลก	lôok lôhk
planeta (m)	ดาวเคราะห์	daao khrór
atmosfera (f)	บรรยากาศ	ban-yaa-gàat
geografia (f)	ภูมิศาสตร์	phoo-mí-sàat
natureza (f)	ธรรมชาติ	tham-má-châat
globo (mapa esférico)	ลูกโลก	lôok lôhk
mapa (m)	แผนที่	phăen thêe
atlas (m)	หนังสือแผนที่โลก	năng-sĕu phăen thêe lôhk
Europa (f)	ยุโรป	yú-ròhp
Ásia (f)	เอเชีย	ay-chia
África (f)	แอฟริกา	àef-rí-gaa
Austrália (f)	ออสเตรเลีย	òrt-dtray-lia
América (f)	อเมริกา	a-may-rí-gaa
América (f) do Norte	อเมริกาเหนือ	a-may-rí-gaa nĕua
América (f) do Sul	อเมริกาใต้	a-may-rí-gaa dtâi
Antártida (f)	แอนตาร์กติกา	aen-dtàak-dtì-gaa
Ártico (m)	อาร์กติค	àak-dtìk

76. Pontos cardeais

norte (m)	เหนือ	něua
para norte	ทิศเหนือ	thít něua
no norte	ที่ภาคเหนือ	thêe phâak něua
do norte (adj)	ทางเหนือ	thaang něua
sul (m)	ใต้	dtâi
para sul	ทิศใต้	thít dtâi
no sul	ที่ภาคใต้	thêe phâak dtâi
do sul (adj)	ทางใต้	thaang dtâi
oeste, ocidente (m)	ตะวันตก	dtà-wan dtòk
para oeste	ทิศตะวันตก	thít dtà-wan dtòk
no oeste	ที่ภาคตะวันตก	thêe phâak dtà-wan dtòk
ocidental (adj)	ทางตะวันตก	thaang dtà-wan dtòk
leste, oriente (m)	ตะวันออก	dtà-wan òrk
para leste	ทิศตะวันออก	thít dtà-wan òrk
no leste	ที่ภาคตะวันออก	thêe phâak dtà-wan òrk
oriental (adj)	ทางตะวันออก	thaang dtà-wan òrk

77. Mar. Oceano

mar (m)	ทะเล	thá-lay
oceano (m)	มหาสมุทร	má-hăa sà-mùt
golfo (m)	อ่าว	àao
estreito (m)	ช่องแคบ	chôrng khâep
terra (f) firme	พื้นดิน	phéun din
continente (m)	ทวีป	thá-wêep
ilha (f)	เกาะ	gòr
península (f)	คาบสมุทร	khâap sà-mùt
arquipélago (m)	หมู่เกาะ	mòo gòr
baía (f)	อ่าว	àao
porto (m)	ท่าเรือ	thâa reua
lagoa (f)	ลากูน	laa-goon
cabo (m)	แหลม	lăem
atol (m)	อะทอลล์	à-thorn
recife (m)	แนวปะการัง	naew bpà-gaa-rang
coral (m)	ปะการัง	bpà gaa-rang
recife (m) de coral	แนวปะการัง	naew bpà-gaa-rang
profundo (adj)	ลึก	léuk
profundidade (f)	ความลึก	khwaam léuk
abismo (m)	หุบเหวลึก	hùp wăy léuk
fossa (f) oceânica	ร่องลึกก้นสมุทร	rông léuk gôn sà-mùt
corrente (f)	กระแสน้ำ	grà-săe náam
banhar (vt)	ล้อมรอบ	lórm rôrp

litoral (m)	ชายฝั่ง	chaai fàng
costa (f)	ชายฝั่ง	chaai fàng
maré (f) alta	น้ำขึ้น	náam khêun
refluxo (m)	น้ำลง	náam long
restinga (f)	หาดตื้น	hàat dtêun
fundo (m)	ก้นทะเล	gôn thá-lay
onda (f)	คลื่น	khlêun
crista (f) da onda	มวนคลื่น	múan khlêun
espuma (f)	ฟองคลื่น	forng khlêun
tempestade (f)	พายุ	phaa-yú
furacão (m)	พายุเฮอร์ริเคน	phaa-yú her-rí-khayn
tsunami (m)	คลื่นยักษ์	khlêun yák
calmaria (f)	ภาวะไร้ลมพัด	phaa-wá rái lom phát
calmo (adj)	สงบ	sà-ngòp
polo (m)	ขั้วโลก	khûa lôhk
polar (adj)	ขั้วโลก	khûa lôhk
latitude (f)	เส้นรุ้ง	sên rúng
longitude (f)	เส้นแวง	sên waeng
paralela (f)	เส้นขนาน	sên khà-năan
equador (m)	เส้นศูนย์สูตร	sên sŏon sòot
céu (m)	ท้องฟ้า	thórng fáa
horizonte (m)	ขอบฟ้า	khòrp fáa
ar (m)	อากาศ	aa-gàat
farol (m)	ประภาคาร	bprà-phaa-khaan
mergulhar (vi)	ดำ	dam
afundar-se (vr)	จม	jom
tesouros (m pl)	สมบัติ	sŏm-bàt

78. Nomes de Mares e Oceanos

Oceano (m) Atlântico	มหาสมุทรแอตแลนติก	má-hăa sà-mùt àet-laen-dtìk
Oceano (m) Índico	มหาสมุทรอินเดีย	má-hăa sà-mùt in-dia
Oceano (m) Pacífico	มหาสมุทรแปซิฟิก	má-hăa sà-mùt bpae-sí-fík
Oceano (m) Ártico	มหาสมุทรอาร์คติก	má-hăa sà-mùt aa-ká-dtìk
Mar (m) Negro	ทะเลดำ	thá-lay dam
Mar (m) Vermelho	ทะเลแดง	thá-lay daeng
Mar (m) Amarelo	ทะเลเหลือง	thá-lay lĕuang
Mar (m) Branco	ทะเลขาว	thá-lay khăao
Mar (m) Cáspio	ทะเลแคสเปียน	thá-lay khâet-bpian
Mar (m) Morto	ทะเลเดดซี	thá-lay dàyt-see
Mar (m) Mediterrâneo	ทะเลเมดิเตอร์เรเนียน	thá-lay may-dì-dtêr-ray-nian
Mar (m) Egeu	ทะเลเอเจี้ยน	thá-lay ay-jîan
Mar (m) Adriático	ทะเลเอเดรียติก	thá-lay ay-day-ree-yá-dtìk
Mar (m) Arábico	ทะเลอาหรับ	thá-lay aa-ràp

Mar (m) do Japão	ทะเลญี่ปุ่น	thá-lay yêe-bpùn
Mar (m) de Bering	ทะเลเบริ่ง	thá-lay bae-rîng
Mar (m) da China Meridional	ทะเลจีนใต้	thá-lay jeen-dtâi
Mar (m) de Coral	ทะเลคอรัล	thá-lay khor-ran
Mar (m) de Tasman	ทะเลแทสมัน	thá-lay thâet man
Mar (m) do Caribe	ทะเลแคริบเบียน	thá-lay khae-ríp-bian
Mar (m) de Barents	ทะเลบาเรนท์	thá-lay baa-rayn
Mar (m) de Kara	ทะเลคารา	thá-lay khaa-raa
Mar (m) do Norte	ทะเลเหนือ	thá-lay nĕua
Mar (m) Báltico	ทะเลบอลติก	thá-lay bon-dtìk
Mar (m) da Noruega	ทะเลนอรเวย์	thá-lay nor-rá-way

79. Montanhas

montanha (f)	ภูเขา	phoo khăo
cordilheira (f)	ทิวเขา	thiw khăo
serra (f)	สันเขา	săn khăo
cume (m)	ยอดเขา	yôrt khăo
pico (m)	ยอด	yôrt
pé (m)	ตีนเขา	dteun khăo
declive (m)	ไหลเขา	lài khăo
vulcão (m)	ภูเขาไฟ	phoo khăo fai
vulcão (m) ativo	ภูเขาไฟมีพลัง	phoo khăo fai mee phá-lang
vulcão (m) extinto	ภูเขาไฟที่ดับแล้ว	phoo khăo fai thêe dàp láew
erupção (f)	ภูเขาไฟระเบิด	phoo khăo fai rá-bèrt
cratera (f)	ปล่องภูเขาไฟ	bplòng phoo khăo fai
magma (m)	หินหนืด	hĭn nèut
lava (f)	ลาวา	laa-waa
fundido (lava ~a)	หลอมเหลว	lŏrm lĕo
cânion, desfiladeiro (m)	หุบเขาลึก	hùp khăo léuk
garganta (f)	ช่องเขา	chôrng khăo
fenda (f)	รอยแตกภูเขา	roi dtàek phoo khăo
precipício (m)	หุบเหวลึก	hùp wăy léuk
passo, colo (m)	ทางผ่าน	thaang phàan
planalto (m)	ที่ราบสูง	thêe râap sŏong
falésia (f)	หน้าผา	nâa phăa
colina (f)	เนินเขา	nern khăo
geleira (f)	ธารน้ำแข็ง	thaan náam khăeng
cachoeira (f)	น้ำตก	nám dtòk
gêiser (m)	น้ำพุร้อน	nám phú rórn
lago (m)	ทะเลสาบ	thá-lay sàap
planície (f)	ที่ราบ	thêe râap
paisagem (f)	ภูมิทัศน์	phoom thát
eco (m)	เสียงสะท้อน	sĭang sà-thón

alpinista (m)	นักปีนเขา	nák bpeen khăo
escalador (m)	นักไต่เขา	nák dtài khăo
conquistar (vt)	ไต่เขาถึงยอด	dtài khăo thĕung yôt
subida, escalada (f)	การปีนเขา	gaan bpeen khăo

80. Nomes de montanhas

Alpes (m pl)	เทือกเขาแอลป์	thêuak-khăo-aen
Monte Branco (m)	ยอดเขามงบล็อง	yôt khăo mong-bà-lŏng
Pirineus (m pl)	เทือกเขาไพรีนีส	thêuak khăo pai-ree-nêet
Cárpatos (m pl)	เทือกเขาคาร์เพเทียน	thêuak khăo khaa-phay-thian
Urais (m pl)	เทือกเขายูรัล	thêuak khăo yoo-ran
Cáucaso (m)	เทือกเขาคอเคซัส	thêuak khăo khor-khay-sát
Elbrus (m)	ยอดเขาเอลบรุส	yôt khăo ayn-brùt
Altai (m)	เทือกเขาอัลไต	thêuak khăo an-dtai
Tian Shan (m)	เทือกเขาเทียนซาน	thêuak khăo thian-chaan
Pamir (m)	เทือกเขาพาเมียร์	thêuak khăo paa-mia
Himalaia (m)	เทือกเขาหิมาลัย	thêuak khăo hì-maa-lai
monte Everest (m)	ยอดเขาเอเวอเรสต์	yôt khăo ay-wer-râyt
Cordilheira (f) dos Andes	เทือกเขาแอนดีส	thêuak-khăo-aen-dèet
Kilimanjaro (m)	ยอดเขาคิลิมันจาโร	yôt khăo khí-lí-man-jaa-roh

81. Rios

rio (m)	แม่น้ำ	mâe náam
fonte, nascente (f)	แหล่งน้ำแร่	làeng náam râe
leito (m) de rio	เส้นทางแม่น้ำ	sên thaang mâe náam
bacia (f)	ลุ่มน้ำ	lûm náam
desaguar no ...	ไหลไปสู่...	lăi bpai sòo...
afluente (m)	สาขา	săa-khăa
margem (do rio)	ฝั่งแม่น้ำ	fàng mâe náam
corrente (f)	กระแสน้ำ	grà-săe náam
rio abaixo	ตามกระแสน้ำ	dtaam grà-săe náam
rio acima	ทวนน้ำ	thuan náam
inundação (f)	น้ำท่วม	nám thûam
cheia (f)	น้ำท่วม	nám thûam
transbordar (vi)	เอ่อล้น	èr lón
inundar (vt)	ท่วม	thûam
banco (m) de areia	บริเวณน้ำตื้น	bor-rí-wayn nám dtêun
corredeira (f)	กระแสน้ำเชี่ยว	grà-săe nám-chîeow
barragem (f)	เขื่อน	khèuan
canal (m)	คลอง	khlorng
reservatório (m) de água	ที่เก็บกักน้ำ	thêe gèp gàk náam
eclusa (f)	ประตูระบายน้ำ	bprà-dtoo rá-baai náam

corpo (m) de água	พื้นน้ำ	phéun náam
pântano (m)	บึง	beung
lamaçal (m)	ห้วย	hûay
redemoinho (m)	น้ำวน	nám won
riacho (m)	ลำธาร	lam thaan
potável (adj)	น้ำดื่มได้	nám dèum dâai
doce (água)	น้ำจืด	nám jèut
gelo (m)	น้ำแข็ง	nám khǎeng
congelar-se (vr)	แชแข็ง	châe khǎeng

82. Nomes de rios

rio Sena (m)	แม่น้ำเซน	mâe náam sayn
rio Loire (m)	แม่น้ำลัวร์	mâe-náam lua
rio Tâmisa (m)	แม่น้ำเทมส์	mâe-náam them
rio Reno (m)	แม่น้ำไรน์	mâe-náam rai
rio Danúbio (m)	แม่น้ำดานูบ	mâe-náam daa-nôop
rio Volga (m)	แม่น้ำวอลกา	mâe-náam won-gaa
rio Don (m)	แม่น้ำดอน	mâe-náam don
rio Lena (m)	แม่น้ำลีนา	mâe-náam lee-naa
rio Amarelo (m)	แม่น้ำหวง	mâe-náam hǔang
rio Yangtzé (m)	แม่น้ำแยงซี	mâe-náam yaeng-see
rio Mekong (m)	แม่น้ำโขง	mâe-náam khǒhng
rio Ganges (m)	แม่น้ำคงคา	mâe-náam khong-khaa
rio Nilo (m)	แม่น้ำไนล์	mâe-náam nai
rio Congo (m)	แม่น้ำคองโก	mâe-náam khong-goh
rio Cubango (m)	แม่น้ำ โอคาวังโก	mâe-náam oh-khaa wang goh
rio Zambeze (m)	แม่น้ำแซมบีซี	mâe-náam saem bee see
rio Limpopo (m)	แม่น้ำลิมโปโป	mâe-náam lim-bpoh-bpoh
rio Mississippi (m)	แม่น้ำมิสซิสซิปปี	mâe-náam mít-sít-síp-bpee

83. Floresta

floresta (f), bosque (m)	ป่าไม้	bpàa máai
florestal (adj)	ป่า	bpàa
mata (f) fechada	ป่าทึบ	bpàa théup
arvoredo (m)	ป่าละเมาะ	bpàa lá-mór
clareira (f)	ทุ่งโล่ง	thûng lôhng
matagal (m)	ป่าละเมาะ	bpàa lá-mór
mato (m), caatinga (f)	ป่าละเมาะ	bpàa lá-mór
pequena trilha (f)	ทางเดิน	thaang dern
ravina (f)	ร่องธาร	rông thaan

árvore (f)	ต้นไม้	dtôn máai
folha (f)	ใบไม้	bai máai
folhagem (f)	ใบไม้	bai máai
queda (f) das folhas	ใบไม้ร่วง	bai máai rûang
cair (vi)	ร่วง	rûang
topo (m)	ยอด	yôrt
ramo (m)	กิ่ง	gìng
galho (m)	ก้านไม้	gâan mái
botão (m)	ยอดอ่อน	yôrt òrn
agulha (f)	เข็ม	khěm
pinha (f)	ลูกสน	lôok sŏn
buraco (m) de árvore	โพรงไม้	phrohng máai
ninho (m)	รัง	rang
toca (f)	โพรง	phrohng
tronco (m)	ลำต้น	lam dtôn
raiz (f)	ราก	râak
casca (f) de árvore	เปลือกไม้	bplèuak máai
musgo (m)	มอส	môt
arrancar pela raiz	ถอนราก	thŏrn râak
cortar (vt)	โค่น	khôhn
desflorestar (vt)	ตัดไม้ทำลายป่า	dtàt mái tham laai bpàa
toco, cepo (m)	ตอไม้	dtor máai
fogueira (f)	กองไฟ	gorng fai
incêndio (m) florestal	ไฟป่า	fai bpàa
apagar (vt)	ดับไฟ	dàp fai
guarda-parque (m)	เจ้าหน้าที่ดูแลป่า	jâo nâa-thêe doo lae bpàa
proteção (f)	การปกป้อง	gaan bpòk bpôrng
proteger (a natureza)	ปกป้อง	bpòk bpôrng
caçador (m) furtivo	นักลอบล่าสัตว์	nák lôrp lâa sàt
armadilha (f)	กับดักเหล็ก	gàp dàk lèk
colher (cogumelos, bagas)	เก็บ	gèp
perder-se (vr)	หลงทาง	lŏng thaang

84. Recursos naturais

recursos (m pl) naturais	ทรัพยากรธรรมชาติ	sáp-pá-yaa-gon tham-má-châat
minerais (m pl)	แร่	râe
depósitos (m pl)	ตะกอน	dtà-gorn
jazida (f)	บ่อ	bòr
extrair (vt)	ขุดแร่	khùt râe
extração (f)	การขุดแร่	gaan khùt râe
minério (m)	แร่	râe
mina (f)	เหมืองแร่	mĕuang râe
poço (m) de mina	ช่องเหมือง	chôrng mĕuang

mineiro (m)	คนงานเหมือง	khon ngaan měuang
gás (m)	แก๊ส	gáet
gasoduto (m)	ท่อแก๊ส	thôr gáet
petróleo (m)	น้ำมัน	nám man
oleoduto (m)	ท่อน้ำมัน	thôr náam man
poço (m) de petróleo	บ่อน้ำมัน	bòr náam man
torre (f) petrolífera	ปั้นจั่นขนาดใหญ่	bpân jàn khà-nàat yài
petroleiro (m)	เรือบรรทุกน้ำมัน	reua ban-thúk nám man
areia (f)	ทราย	saai
calcário (m)	หินปูน	hĭn bpoon
cascalho (m)	กรวด	grùat
turfa (f)	พีต	phêet
argila (f)	ดินเหนียว	din nĭeow
carvão (m)	ถ่านหิน	thàan hĭn
ferro (m)	เหล็ก	lèk
ouro (m)	ทอง	thorng
prata (f)	เงิน	ngern
níquel (m)	นิเกิล	ní-gêrn
cobre (m)	ทองแดง	thorng daeng
zinco (m)	สังกะสี	săng-gà-sĕe
manganês (m)	แมงกานีส	maeng-gaa-nêet
mercúrio (m)	ปรอท	bpa -ròrt
chumbo (m)	ตะกั่ว	dtà-gùa
mineral (m)	แร่	râe
cristal (m)	ผลึก	phà-lèuk
mármore (m)	หินอ่อน	hĭn òrn
urânio (m)	ยูเรเนียม	yoo-ray-niam

85. Tempo

tempo (m)	สภาพอากาศ	sà-phâap aa-gàat
previsão (f) do tempo	พยากรณ์ สภาพอากาศ	phá-yaa-gon sà-phâap aa-gàat
temperatura (f)	อุณหภูมิ	un-hà-phoom
termômetro (m)	ปรอทวัดอุณหภูมิ	bpà-ròrt wát un-hà-phoom
barômetro (m)	เครื่องวัดความดัน บรรยากาศ	khrêuang wát khwaam dan ban-yaa-gàat
úmido (adj)	ชื้น	chéun
umidade (f)	ความชื้น	khwaam chéun
calor (m)	ความร้อน	khwaam rórn
tórrido (adj)	ร้อน	rórn
está muito calor	มันร้อน	man rórn
está calor	มันอุ่น	man ùn
quente (morno)	อุ่น	ùn
está frio	อากาศเย็น	aa-gàat yen
frio (adj)	เย็น	yen

sol (m)	ดวงอาทิตย์	duang aa-thít
brilhar (vi)	สองแสง	sòrng săeng
de sol, ensolarado	มีแสงแดด	mee săeng dàet
nascer (vi)	ขึ้น	khêun
pôr-se (vr)	ตก	dtòk
nuvem (f)	เมฆ	mâyk
nublado (adj)	มีเมฆมาก	mee mâyk mâak
nuvem (f) preta	เมฆฝน	mâyk fŏn
escuro, cinzento (adj)	มืดครึ้ม	mêut khréum
chuva (f)	ฝน	fŏn
está a chover	ฝนตก	fŏn dtòk
chuvoso (adj)	ฝนตก	fŏn dtòk
chuviscar (vi)	ฝนปรอย	fòn bproi
chuva (f) torrencial	ฝนตกหนัก	fŏn dtòk nàk
aguaceiro (m)	ฝนหาใหญ่	fŏn hàa yài
forte (chuva, etc.)	หนัก	nàk
poça (f)	หลมน้ำ	lòm nám
molhar-se (vr)	เปียก	bpìak
nevoeiro (m)	หมอก	mòrk
de nevoeiro	หมอกจัด	mòrk jàt
neve (f)	หิมะ	hì-má
está nevando	หิมะตก	hì-má dtòk

86. Tempo extremo. Catástrofes naturais

trovoada (f)	พายุฟ้าคะนอง	phaa-yú fáa khá-nong
relâmpago (m)	ฟ้าผา	fáa phàa
relampejar (vi)	แลบ	lâep
trovão (m)	ฟ้าคะนอง	fáa khá-norng
trovejar (vi)	มีฟ้าคะนอง	mee fáa khá-norng
está trovejando	มีฟ้ารอง	mee fáa rórng
granizo (m)	ลูกเห็บ	lôok hèp
está caindo granizo	มีลูกเห็บตก	mee lôok hèp dtòk
inundar (vt)	ท่วม	thûam
inundação (f)	น้ำท่วม	nám thûam
terremoto (m)	แผ่นดินไหว	phàen din wăi
abalo, tremor (m)	ไหว	wăi
epicentro (m)	จุดเหนือศูนย์แผ่นดินไหว	jùt nĕua sŏon phàen din wăi
erupção (f)	ภูเขาไฟระเบิด	phoo khăo fai rá-bèrt
lava (f)	ลาวา	laa-waa
tornado (m)	พายุหมุน	phaa-yú mŭn
tornado (m)	พายุทอร์เนโด	phaa-yú thor-nay-doh
tufão (m)	พายุไตฝุ่น	phaa-yú dtâi fùn
furacão (m)	พายุเฮอร์ริเคน	phaa-yú her-rí-khayn

tempestade (f)	**พายุ**	phaa-yú
tsunami (m)	**คลื่นสึนามิ**	khlêun sèu-naa-mí
ciclone (m)	**พายุไซโคลน**	phaa-yú sai-khlohn
mau tempo (m)	**อากาศไม่ดี**	aa-gàat mâi dee
incêndio (m)	**ไฟไหม้**	fai mâi
catástrofe (f)	**ความหายนะ**	khwaam hăa-yá-ná
meteorito (m)	**อุกกาบาต**	ùk-gaa-bàat
avalanche (f)	**หิมะถล่ม**	hì-má thà-lòm
deslizamento (m) de neve	**หิมะถลม**	hì-má thà-lòm
nevasca (f)	**พายุหิมะ**	phaa-yú hì-má
tempestade (f) de neve	**พายุหิมะ**	phaa-yú hì-má

FAUNA

87. Mamíferos. Predadores

predador (m)	สัตว์กินเนื้อ	sàt gin néua
tigre (m)	เสือ	sĕua
leão (m)	สิงโต	sĭng dtoh
lobo (m)	หมาป่า	măa bpàa
raposa (f)	หมาจิ้งจอก	măa jîng-jòk
jaguar (m)	เสือจากัวร์	sĕua jaa-gua
leopardo (m)	เสือดาว	sĕua daao
chita (f)	เสือชีตาห์	sĕua chee-dtaa
pantera (f)	เสือดำ	sĕua dam
puma (m)	สิงโตภูเขา	sĭng-dtoh phoo khăo
leopardo-das-neves (m)	เสือดาวหิมะ	sĕua daao hì-má
lince (m)	แมวป่า	maew bpàa
coiote (m)	โคโยตี้	khoh-yoh-dtêe
chacal (m)	หมาจิ้งจอกทอง	măa jîng-jòk thorng
hiena (f)	ไฮยีนา	hai-yee-naa

88. Animais selvagens

animal (m)	สัตว์	sàt
besta (f)	สัตว์	sàt
esquilo (m)	กระรอก	grà rôk
ouriço (m)	เม่น	mâyn
lebre (f)	กระต่ายป่า	grà-dtàai bpàa
coelho (m)	กระต่าย	grà-dtàai
texugo (m)	แบดเจอร์	baet-jer
guaxinim (m)	แร็คคูน	ráek khoon
hamster (m)	หนูแฮมสเตอร์	nŏo haem-sà-dtêr
marmota (f)	มาร์มอต	maa-môt
toupeira (f)	ตุ่น	dtùn
rato (m)	หนู	nŏo
ratazana (f)	หนู	nŏo
morcego (m)	ค้างคาว	kháang khaao
arminho (m)	เออร์มิน	er-min
zibelina (f)	เซเบิล	say bern
marta (f)	มาร์เทิน	maa thern
doninha (f)	เพียงพอนสีน้ำตาล	phiang phon sĕe nám dtaan
visom (m)	เพียงพอน	phiang phorn

castor (m)	บีเวอร์	bee-wer
lontra (f)	นาก	nâak
cavalo (m)	ม้า	máa
alce (m)	กวางมูส	gwaang môot
veado (m)	กวาง	gwaang
camelo (m)	อูฐ	òot
bisão (m)	วัวป่า	wua bpàa
auroque (m)	วัวป่าออรอช	wua bpàa or rôt
búfalo (m)	ควาย	khwaai
zebra (f)	ม้าลาย	máa laai
antílope (m)	แอนทีโลป	aen-thi-lòp
corça (f)	กวางโรเดียร์	gwaang roh-dia
gamo (m)	กวางแฟลโลว์	gwaang flae-loh
camurça (f)	เลียงผา	liang-phǎa
javali (m)	หมูป่า	mǒo bpàa
baleia (f)	วาฬ	waan
foca (f)	แมวน้ำ	maew náam
morsa (f)	ช้างน้ำ	cháang náam
urso-marinho (m)	แมวน้ำมีขน	maew náam mee khǒn
golfinho (m)	โลมา	loh-maa
urso (m)	หมี	měe
urso (m) polar	หมีขั้วโลก	měe khûa lôhk
panda (m)	หมีแพนดา	měe phaen-dâa
macaco (m)	ลิง	ling
chimpanzé (m)	ลิงชิมแปนซี	ling chim-bpaen-see
orangotango (m)	ลิงอุรังอุตัง	ling u-rang-u-dtang
gorila (m)	ลิงกอริลลา	ling gor-rin-lâa
macaco (m)	ลิงแม็กแคก	ling mâk-khâk
gibão (m)	ชะนี	chá-nee
elefante (m)	ช้าง	cháang
rinoceronte (m)	แรด	râet
girafa (f)	ยีราฟ	yee-râaf
hipopótamo (m)	ฮิปโปโปเตมัส	híp-bpoh-bpoh-dtay-mát
canguru (m)	จิงโจ้	jing-jôh
coala (m)	หมีโคอาล่า	měe khoh aa lâa
mangusto (m)	พังพอน	phang phon
chinchila (f)	คินคิลลา	khin-khin laa
cangambá (f)	สกังก์	sà-gang
porco-espinho (m)	เม่น	mâyn

89. Animais domésticos

gata (f)	แมวตัวเมีย	maew dtua mia
gato (m) macho	แมวตัวผู้	maew dtua phôo
cão (m)	สุนัข	sù-nák

cavalo (m)	ม้า	máa
garanhão (m)	ม้าตัวผู้	máa dtua phôo
égua (f)	ม้าตัวเมีย	máa dtua mia
vaca (f)	วัว	wua
touro (m)	กระทิง	grà-thing
boi (m)	วัว	wua
ovelha (f)	แกะตัวเมีย	gàe dtua mia
carneiro (m)	แกะตัวผู้	gàe dtua phôo
cabra (f)	แพะตัวเมีย	pháe dtua mia
bode (m)	แพะตัวผู้	pháe dtua phôo
burro (m)	ลา	laa
mula (f)	ล่อ	lôr
porco (m)	หมู	mŏo
leitão (m)	ลูกหมู	lôok mŏo
coelho (m)	กระต่าย	grà-dtàai
galinha (f)	ไก่ตัวเมีย	gài dtua mia
galo (m)	ไก่ตัวผู้	gài dtua phôo
pata (f), pato (m)	เป็ดตัวเมีย	bpèt dtua mia
pato (m)	เป็ดตัวผู้	bpèt dtua phôo
ganso (m)	ห่าน	hàan
peru (m)	ไก่งวงตัวผู้	gài nguang dtua phôo
perua (f)	ไก่งวงตัวเมีย	gài nguang dtua mia
animais (m pl) domésticos	สัตว์เลี้ยง	sàt líang
domesticado (adj)	เลี้ยง	líang
domesticar (vt)	เชื่อง	chêuang
criar (vt)	ขยายพันธุ์	khà-yăai phan
fazenda (f)	ฟาร์ม	faam
aves (f pl) domésticas	สัตว์ปีก	sàt bpèek
gado (m)	วัวควาย	wua khwaai
rebanho (m), manada (f)	ฝูง	fŏong
estábulo (m)	คอกม้า	khôrk máa
chiqueiro (m)	คอกหมู	khôrk mŏo
estábulo (m)	คอกวัว	khôrk wua
coelheira (f)	คอกกระต่าย	khôrk grà-dtàai
galinheiro (m)	เล้าไก่	láo gài

90. Pássaros

pássaro (m), ave (f)	นก	nók
pombo (m)	นกพิราบ	nók phí-râap
pardal (m)	นกกระจิบ	nók grà-jìp
chapim-real (m)	นกติ๊ด	nók dtít
pega-rabuda (f)	นกสาลิกา	nók săa-lí gaa
corvo (m)	นกอีกา	nók ee-gaa

gralha-cinzenta (f)	นกกา	nók gaa
gralha-de-nuca-cinzenta (f)	นกจำพวกกา	nók jam phûak gaa
gralha-calva (f)	นกการูค	nók gaa róok
pato (m)	เป็ด	bpèt
ganso (m)	ห่าน	hàan
faisão (m)	ไก่ฟ้า	gài fáa
águia (f)	นกอินทรี	nók in-see
açor (m)	นกเหยี่ยว	nók yìeow
falcão (m)	นกเหยี่ยว	nók yìeow
abutre (m)	นกแร้ง	nók ráeng
condor (m)	นกแร้งขนาดใหญ่	nók ráeng kà-nàat yài
cisne (m)	นกหงส์	nók hŏng
grou (m)	นกกระเรียน	nók grà rian
cegonha (f)	นกกระสา	nók grà-săa
papagaio (m)	นกแก้ว	nók gâew
beija-flor (m)	นกฮัมมิ่งเบิร์ด	nók ham-mîng-bèrt
pavão (m)	นกยูง	nók yoong
avestruz (m)	นกกระจอกเทศ	nók grà-jòrk-thâyt
garça (f)	นกยาง	nók yaang
flamingo (m)	นกฟลามิงโก	nók flaa-ming-goh
pelicano (m)	นกกระทุง	nók-grà-thung
rouxinol (m)	นกไนติงเกล	nók-nai-dting-gayn
andorinha (f)	นกนางแอ่น	nók naang-àen
tordo-zornal (m)	นกเดินดง	nók dern dong
tordo-músico (m)	นกเดินดงร้องเพลง	nók dern dong rórng phlayng
melro-preto (m)	นกเดินดงสีดำ	nók-dern-dong sěe dam
andorinhão (m)	นกแอ่น	nók àen
cotovia (f)	นกลาร์ค	nók lâak
codorna (f)	นกคุ่ม	nók khûm
pica-pau (m)	นกหัวขวาน	nók hŭa khwăan
cuco (m)	นกดุเหว่า	nók dù hăy wâa
coruja (f)	นกฮูก	nók hôok
bufo-real (m)	นกเค้าใหญ่	nók kháo yài
tetraz-grande (m)	ไก่ป่า	gài bpàa
tetraz-lira (m)	ไก่ดำ	gài dam
perdiz-cinzenta (f)	นกกระทา	nók-grà-thaa
estorninho (m)	นกกิ้งโครง	nók-gîng-khrohng
canário (m)	นกขมิ้น	nók khà-mîn
galinha-do-mato (f)	ไก่น้ำตาล	gài nám dtaan
tentilhão (m)	นกจาบ	nók-jàap
dom-fafe (m)	นกบูลฟินช์	nók boon-fin
gaivota (f)	นกนางนวล	nók naang-nuan
albatroz (m)	นกอัลบาทรอส	nók an-baa-thrôt
pinguim (m)	นกเพนกวิน	nók phayn-gwin

91. Peixes. Animais marinhos

brema (f)	ปลาบรีม	bplaa bpreem
carpa (f)	ปลาคาร์ป	bplaa khâap
perca (f)	ปลาเพิร์ช	bplaa phêrt
siluro (m)	ปลาดุก	bplaa-dùk
lúcio (m)	ปลาไพค์	bplaa phai
salmão (m)	ปลาแซลมอน	bplaa saen-morn
esturjão (m)	ปลาสเตอร์เจียน	bpláa sà-dtêr jian
arenque (m)	ปลาเฮอร์ริง	bplaa her-ring
salmão (m) do Atlântico	ปลาแซลมอนแอตแลนติก	bplaa saen-mon àet-laen-dtìk
cavala, sarda (f)	ปลาซาบะ	bplaa saa-bà
solha (f), linguado (m)	ปลาลิ้นหมา	bplaa lín-măa
lúcio perca (m)	ปลาไพค์เพิร์ช	bplaa phái phert
bacalhau (m)	ปลาค็อด	bplaa khót
atum (m)	ปลาทูน่า	bplaa thoo-nâa
truta (f)	ปลาเทราท์	bplaa thrau
enguia (f)	ปลาไหล	bplaa lăi
raia (f) elétrica	ปลากระเบนไฟฟ้า	bplaa grà-bayn-fai-fáa
moreia (f)	ปลาไหลมอเรย์	bplaa lăi mor-ray
piranha (f)	ปลาปิรันยา	bplaa bpì-ran-yâa
tubarão (m)	ปลาฉลาม	bplaa chà-lăam
golfinho (m)	โลมา	loh-maa
baleia (f)	วาฬ	waan
caranguejo (m)	ปู	bpoo
água-viva (f)	แมงกะพรุน	maeng gà-phrun
polvo (m)	ปลาหมึก	bplaa mèuk
estrela-do-mar (f)	ปลาดาว	bplaa daao
ouriço-do-mar (m)	หอยเม่น	hŏi mâyn
cavalo-marinho (m)	ม้าน้ำ	máa nám
ostra (f)	หอยนางรม	hŏi naang rom
camarão (m)	กุ้ง	gûng
lagosta (f)	กุ้งมังกร	gûng mang-gon
lagosta (f)	กุ้งมังกร	gûng mang-gon

92. Anfíbios. Répteis

cobra (f)	งู	ngoo
venenoso (adj)	พิษ	phít
víbora (f)	งูแมวเซา	ngoo maew sao
naja (f)	งูเห่า	ngoo hào
píton (m)	งูเหลือม	ngoo lĕuam
jiboia (f)	งูโบอา	ngoo boh-aa
cobra-de-água (f)	งูเล็กที่ไม่เป็นอันตราย	ngoo lék thêe mâi bpen an-dtà-raai

cascavel (f)	งูหางกระดิ่ง	ngoo hăang grà-dìng
anaconda (f)	งูอนาคอนดา	ngoo a -naa-khon-daa
lagarto (m)	กิ้งก่า	gîng-gàa
iguana (f)	อีกัวนา	ee gua naa
varano (m)	กิ้งก่ามอนิเตอร์	gîng-gàa mor-ní-dtêr
salamandra (f)	ซาลาแมนเดอร์	saa-laa-maen-dêr
camaleão (m)	กิ้งก่าคามิเลียน	gîng-gàa khaa-mí-lian
escorpião (m)	แมงป่อง	maeng bpòrng
tartaruga (f)	เต่า	dtào
rã (f)	กบ	gòp
sapo (m)	คางคก	khaang-kók
crocodilo (m)	จระเข้	jor-rá-khây

93. Insetos

inseto (m)	แมลง	má-laeng
borboleta (f)	ผีเสื้อ	phĕe sêua
formiga (f)	มด	mót
mosca (f)	แมลงวัน	má-laeng wan
mosquito (m)	ยุง	yung
escaravelho (m)	แมลงปีกแข็ง	má-laeng bpèek khăeng
vespa (f)	ต่อ	dtòr
abelha (f)	ผึ้ง	phêung
mamangaba (f)	ผึ้งบัมเบิลบี	phêung bam-bern bee
moscardo (m)	เหลือบ	lèuap
aranha (f)	แมงมุม	maeng mum
teia (f) de aranha	ใยแมงมุม	yai maeng mum
libélula (f)	แมลงปอ	má-laeng bpor
gafanhoto (m)	ตั๊กแตน	dták-gà-dtaen
traça (f)	ผีเสื้อกลางคืน	phĕe sêua glaang kheun
barata (f)	แมลงสาบ	má-laeng sàap
carrapato (m)	เห็บ	hèp
pulga (f)	หมัด	màt
borrachudo (m)	ริ้น	rín
gafanhoto (m)	ตั๊กแตน	dták-gà-dtaen
caracol (m)	หอยทาก	hŏi thâak
grilo (m)	จิ้งหรีด	jîng-rèet
pirilampo, vaga-lume (m)	หิ่งห้อย	hìng-hôi
joaninha (f)	แมลงเต่าทอง	má-laeng dtào thorng
besouro (m)	แมงอีนูน	maeng ee noon
sanguessuga (f)	ปลิง	bpling
lagarta (f)	บุ้ง	bûng
minhoca (f)	ไส้เดือน	sâi deuan
larva (f)	ตัวอ่อน	dtua òrn

FLORA

94. Árvores

árvore (f)	ต้นไม้	dtôn máai
decídua (adj)	ผลัดใบ	phlàt bai
conífera (adj)	สน	sŏn
perene (adj)	ซึ่งเขียวชอุ่มตลอดปี	sêung khĭeow chá-ùm dtà-lòrt bpee
macieira (f)	ต้นแอปเปิ้ล	dtôn àep-bpêrn
pereira (f)	ต้นแพร์	dtôn phae
cerejeira (f)	ต้นเชอร์รี่ป่า	dtôn cher-rêe bpàa
ginjeira (f)	ต้นเชอร์รี่	dtôn cher-rêe
ameixeira (f)	ต้นพลัม	dtôn phlam
bétula (f)	ต้นเบิร์ช	dtôn bèrt
carvalho (m)	ต้นโอ๊ค	dtôn óhk
tília (f)	ต้นไม้ดอกเหลือง	dtôn máai dòrk lĕuang
choupo-tremedor (m)	ต้นแอสเพน	dtôn ae sà-phayn
bordo (m)	ต้นเมเปิ้ล	dtôn may bpêrn
espruce (m)	ต้นเฟอร์	dtôn fer
pinheiro (m)	ต้นเกี๊ยะ	dtôn gía
alerce, lariço (m)	ต้นลาร์ช	dtôn lâat
abeto (m)	ต้นเฟอร์	dtôn fer
cedro (m)	ต้นซีดาร์	dtôn-see-daa
choupo, álamo (m)	ต้นปอปลาร์	dtôn bpor-bplaa
tramazeira (f)	ต้นโรแวน	dtôn-roh-waen
salgueiro (m)	ต้นวิลโลว์	dtôn win-loh
amieiro (m)	ต้นอัลเดอร์	dtôn an-dêr
faia (f)	ต้นบีช	dtôn bèet
ulmeiro, olmo (m)	ต้นเอล์ม	dtôn elm
freixo (m)	ต้นแอช	dtôn aesh
castanheiro (m)	ต้นเกาลัด	dtôn gao lát
magnólia (f)	ต้นแมกโนเลีย	dtôn mâek-noh-lia
palmeira (f)	ต้นปาล์ม	dtôn bpaam
cipreste (m)	ต้นไซเปรส	dtôn-sai-bpràyt
mangue (m)	ต้นโกงกาง	dtôn gohng gaang
embondeiro, baobá (m)	ต้นเบาบับ	dtôn bao-bàp
eucalipto (m)	ต้นยูคาลิปตัส	dtôn yoo-khaa-líp-dtàt
sequoia (f)	ต้นสนซีคัวยา	dtôn sŏn see kua yaa

95. Arbustos

arbusto (m)	พุ่มไม้	phûm máai
arbusto (m), moita (f)	ต้นไม้พุ่ม	dtôn máai phûm
videira (f)	ต้นองุ่น	dtôn a-ngùn
vinhedo (m)	ไร่องุ่น	râi a-ngùn
framboeseira (f)	พุ่มราสเบอร์รี่	phûm râat-ber-rêe
groselheira-negra (f)	พุ่มแบล็คเคอร์แรนท์	phûm blàek-khêr-raen
groselheira-vermelha (f)	พุ่มเรดเคอร์แรนท์	phûm râyt-khêr-raen
groselheira (f) espinhosa	พุ่มกูสเบอร์รี่	phûm gòot-ber-rêe
acácia (f)	ต้นอาเคเชีย	dtôn aa-khay-chia
bérberis (f)	ต้นบาร์เบอร์รี่	dtôn baa-ber-rêe
jasmim (m)	มะลิ	má-lí
junípero (m)	ต้นจูนิเปอร์	dtôn joo-ní-bper
roseira (f)	พุ่มกุหลาบ	phûm gù làap
roseira (f) brava	พุ่มด็อกโรส	phûm dòrk-rôht

96. Frutos. Bagas

fruta (f)	ผลไม้	phǒn-lá-máai
frutas (f pl)	ผลไม้	phǒn-lá-máai
maçã (f)	แอปเปิ้ล	àep-bpêrn
pera (f)	ลูกแพร์	lôok phae
ameixa (f)	พลัม	phlam
morango (m)	สตรอว์เบอร์รี่	sà-dtror-ber-rêe
ginja (f)	เชอร์รี่	cher-rêe
cereja (f)	เชอร์รี่ป่า	cher-rêe bpàa
uva (f)	องุ่น	a-ngùn
framboesa (f)	ราสเบอร์รี่	râat-ber-rêe
groselha (f) negra	แบล็คเคอร์แรนท์	blàek khêr-raen
groselha (f) vermelha	เรดเคอร์แรนท์	râyt-khêr-raen
groselha (f) espinhosa	กูสเบอร์รี่	gòot-ber-rêe
oxicoco (m)	แครนเบอร์รี่	khraen-ber-rêe
laranja (f)	ส้ม	sôm
tangerina (f)	ส้มแมนดาริน	sôm maen daa rin
abacaxi (m)	สับปะรด	sàp-bpà-rót
banana (f)	กล้วย	glûay
tâmara (f)	อินทผลัม	in-thá-phâ-lam
limão (m)	เลมอน	lay-mon
damasco (m)	แอปปริคอท	ae-bprì-khôrt
pêssego (m)	ลูกท้อ	lôok thór
quiuí (m)	กีวี	gee wee
toranja (f)	ส้มโอ	sôm oh
baga (f)	เบอร์รี่	ber-rêe

bagas (f pl) เบอร์รี่ ber-rêe
arando (m) vermelho คาวเบอร์รี่ khaao-ber-rêe
morango-silvestre (m) สตรอว์เบอร์รีป่า sá-dtrorw ber-rêe bpàa
mirtilo (m) บิลเบอร์รี่ bil-ber-rêe

97. Flores. Plantas

flor (f) ดอกไม้ dòrk máai
buquê (m) de flores ช่อดอกไม้ chôr dòrk máai

rosa (f) ดอกกุหลาบ dòrk gù làap
tulipa (f) ดอกทิวลิป dòrk thiw-líp
cravo (m) ดอกคาร์เนชั่น dòrk khaa-nay-chân
gladíolo (m) ดอกแกลดิโอลัส dòrk gaen-dì-oh-lát

centáurea (f) ดอกคอร์นฟลาวเวอร์ dòrk khon-flaao-wer
campainha (f) ดอกระฆัง dòrk rá-khang
dente-de-leão (m) ดอกแดนดิไลออน dòrk daen-dì-lai-on
camomila (f) ดอกคาโมมายล์ dòrk khaa-moh maai

aloé (m) ว่านหางจระเข้ wâan-hăang-jor-rá-khây
cacto (m) ตะบองเพชร dtà-bong-phét
fícus (m) ต้นเลียบ dtôn lîap

lírio (m) ดอกลิลี่ dòrk lí-lêe
gerânio (m) ดอกเจอราเนียม dòrk jer-raa-niam
jacinto (m) ดอกไฮอะซินท์ dòrk hai-a-sin

mimosa (f) ดอกไมยราบ dòrk mai râap
narciso (m) ดอกนาร์ซิสซัส dòrk naa-sít-sát
capuchinha (f) ดอกแนสเตอร์ชั่ม dòrk nâet-dtêr-cham

orquídea (f) ดอกกล้วยไม้ dòrk glûay máai
peônia (f) ดอกโบตั๋น dòrk boh-dtăn
violeta (f) ดอกไวโอเล็ต dòrk wai-oh-lét

amor-perfeito (m) ดอกแพนซี dòrk phaen-see
não-me-esqueças (m) ดอกฟอร์เก็ตมีน็อต dòrk for-gèt-mee-nót
margarida (f) ดอกเดซี่ dòrk day see

papoula (f) ดอกป๊อปปี้ dòrk bpóp-bpêe
cânhamo (m) กัญชา gan chaa
hortelã, menta (f) สะระแหน่ sà-rá-nàe

lírio-do-vale (m) ดอกลิลลี่แห่งหุบเขา dòrk lí-lá-lêe hàeng hùp khăo
campânula-branca (f) ดอกหยาดหิมะ dòrk yàat hì-má

urtiga (f) ตำแย dtam-yae
azedinha (f) ซอร์เรล sor-rayn
nenúfar (m) บัว bua
samambaia (f) เฟิร์น fern
líquen (m) ไลเคน lai-khayn
estufa (f) เรือนกระจก reuan grà-jòk
gramado (m) สนามหญ้า sà-năam yâa

canteiro (m) de flores	สนามดอกไม้	sà-năam-dòrk-máai
planta (f)	พืช	phêut
grama (f)	หญ้า	yâa
folha (f) de grama	ใบหญ้า	bai yâa
folha (f)	ใบไม้	bai máai
pétala (f)	กลีบดอก	glèep dòrk
talo (m)	ลำต้น	lam dtôn
tubérculo (m)	หัวใต้ดิน	hŭa dtâi din
broto, rebento (m)	ต้นอ่อน	dtôn òrn
espinho (m)	หนาม	năam
florescer (vi)	บาน	baan
murchar (vi)	เหี่ยว	hìeow
cheiro (m)	กลิ่น	glìn
cortar (flores)	ตัด	dtàt
colher (uma flor)	เด็ด	dèt

98. Cereais, grãos

grão (m)	เมล็ด	má-lét
cereais (plantas)	ธัญพืช	than-yá-phêut
espiga (f)	รวงข้าว	ruang khâao
trigo (m)	ข้าวสาลี	khâao săa-lee
centeio (m)	ข้าวไรย์	khâao rai
aveia (f)	ข้าวโอ๊ต	khâao óht
painço (m)	ข้าวฟ่าง	khâao fâang
cevada (f)	ข้าวบาร์เลย์	khâao baa-lây
milho (m)	ข้าวโพด	khâao-phôht
arroz (m)	ข้าว	khâao
trigo-sarraceno (m)	บัควีท	bàk-wêet
ervilha (f)	ถั่วลันเตา	thùa-lan-dtao
feijão (m) roxo	ถั่วรูปไต	thùa rôop dtai
soja (f)	ถั่วเหลือง	thùa lĕuang
lentilha (f)	ถั่วเลนทิล	thùa layn thin
feijão (m)	ถั่ว	thùa

PAÍSES DO MUNDO

99. Países. Parte 1

Afeganistão (m)	ประเทศอัฟกานิสถาน	bprà-thâyt àf-gaa-nít-thăan
África (f) do Sul	ประเทศแอฟริกาใต้	bprà-thâyt àef-rí-gaa dtâi
Albânia (f)	ประเทศแอลเบเนีย	bprà-thâyt aen-bay-nia
Alemanha (f)	ประเทศเยอรมนี	bprà-thâyt yer-rá-ma-nee
Arábia (f) Saudita	ประเทศ ซาอุดิอาระเบีย	bprà-thâyt saa-u-dì aa-ra- -bia
Argentina (f)	ประเทศอาร์เจนตินา	bprà-thâyt aa-jayn-dtì-naa
Armênia (f)	ประเทศอาร์เมเนีย	bprà-thâyt aa-may-nia
Austrália (f)	ประเทศออสเตรเลีย	bprà-thâyt òt-dtray-lia
Áustria (f)	ประเทศออสเตรีย	bprà-thâyt òt-dtria
Azerbaijão (m)	ประเทศอาเซอร์ไบจาน	bprà-thâyt aa-sêr-bai-jaan
Bahamas (f pl)	ประเทศบาฮามาส	bprà-thâyt baa-haa-mâat
Bangladesh (m)	ประเทศบังคลาเทศ	bprà-thâyt bang-khlaa-thâyt
Bélgica (f)	ประเทศเบลเยียม	bprà-thâyt bayn-yiam
Belarus	ประเทศเบลารุส	bprà-thâyt blao-rút
Bolívia (f)	ประเทศโบลิเวีย	bprà-thâyt boh-lí-wia
Bósnia e Herzegovina (f)	ประเทศบอสเนีย และเฮอร์เซโกวินา	bprà-thâyt bòt-nia láe her-say-goh-wí-naa
Brasil (m)	ประเทศบราซิล	bprà-thâyt braa-sin
Bulgária (f)	ประเทศบัลแกเรีย	bprà-thâyt ban-gae-ria
Camboja (f)	ประเทศกัมพูชา	bprà-thâyt gam-phoo-chaa
Canadá (m)	ประเทศแคนาดา	bprà-thâyt khae-naa-daa
Cazaquistão (m)	ประเทศคาซัคสถาน	bprà-thâyt khaa-sák-sà-thăan
Chile (m)	ประเทศชิลี	bprà-thâyt chí-lee
China (f)	ประเทศจีน	bprà-thâyt jeen
Chipre (m)	ประเทศไซปรัส	bprà-thâyt sai-bpràt
Colômbia (f)	ประเทศโคลัมเบีย	bprà-thâyt khoh-lam-bia
Coreia (f) do Norte	เกาหลีเหนือ	gao-lěe něua
Coreia (f) do Sul	เกาหลีใต้	gao-lěe dtâi
Croácia (f)	ประเทศโครเอเชีย	bprà-thâyt khroh-ay-chia
Cuba (f)	ประเทศคิวบา	bprà-thâyt khiw-baa
Dinamarca (f)	ประเทศเดนมาร์ก	bprà-thâyt dayn-màak
Egito (m)	ประเทศอียิปต์	bprà-thâyt bprà-thâyt ee-yíp
Emirados Árabes Unidos	สหรัฐอาหรับเอมิเรตส์	sà-hà-rát aa-ràp ay-mí-râyt
Equador (m)	ประเทศเอกวาดอร์	bprà-thâyt ay-gwaa-dor
Escócia (f)	ประเทศสก็อตแลนด์	bprà-thâyt sà-gòt-laen
Eslováquia (f)	ประเทศสโลวาเกีย	bprà-thâyt sà-loh-waa-gia
Eslovênia (f)	ประเทศสโลวีเนีย	bprà-thâyt sà-loh-wee-nia
Espanha (f)	ประเทศสเปน	bprà-thâyt sà-bpayn
Estados Unidos da América	สหรัฐอเมริกา	sà-hà-rát a-may-rí-gaa
Estônia (f)	ประเทศเอสโตเนีย	bprà-thâyt àyt-dtoh-nia

Finlândia (f)	ประเทศฟินแลนด์	bprà-thâyt fin-laen
França (f)	ประเทศฝรั่งเศส	bprà-thâyt fà-ràng-sàyt

100. Países. Parte 2

Gana (f)	ประเทศกานา	bprà-thâyt gaa-naa
Geórgia (f)	ประเทศจอร์เจีย	bprà-thâyt jor-jia
Grã-Bretanha (f)	บริเตนใหญ่	brì-dtayn yài
Grécia (f)	ประเทศกรีซ	bprà-thâyt grèet
Haiti (m)	ประเทศเฮติ	bprà-thâyt hay-dtì
Hungria (f)	ประเทศฮังการี	bprà-thâyt hang-gaa-ree
Índia (f)	ประเทศอินเดีย	bprà-thâyt in-dia
Indonésia (f)	ประเทศอินโดนีเซีย	bprà-thâyt in-doh-nee-sia
Inglaterra (f)	ประเทศอังกฤษ	bprà-thâyt ang-grìt
Irã (m)	ประเทศอิหราน	bprà-thâyt i-ràan
Iraque (m)	ประเทศอิรัก	bprà-thâyt i-rák
Irlanda (f)	ประเทศไอร์แลนด์	bprà-thâyt ai-laen
Islândia (f)	ประเทศไอซ์แลนด์	bprà-thâyt ai-laen
Israel (m)	ประเทศอิสราเอล	bprà-thâyt ìt-sà-răa-ayn
Itália (f)	ประเทศอิตาลี	bprà-thâyt i-dtaa-lee
Jamaica (f)	ประเทศจาเมกา	bprà-thâyt jaa-may-gaa
Japão (m)	ประเทศญี่ปุ่น	bprà-thâyt yêe-bpùn
Jordânia (f)	ประเทศจอร์แดน	bprà-thâyt jor-daen
Kuwait (m)	ประเทศคูเวต	bprà-thâyt khoo-wâyt
Laos (m)	ประเทศลาว	bprà-thâyt laao
Letônia (f)	ประเทศลัตเวีย	bprà-thâyt lát-wia
Líbano (m)	ประเทศเลบานอน	bprà-thâyt lay-baa-non
Líbia (f)	ประเทศลิเบีย	bprà-thâyt lí-bia
Liechtenstein (m)	ประเทศลิกเตนสไตน์	bprà-thâyt lík-tay-ná-sà-dtai
Lituânia (f)	ประเทศลิทัวเนีย	bprà-thâyt lí-thua-nia
Luxemburgo (m)	ประเทศลักเซมเบิร์ก	bprà-thâyt lák-saym-bèrk
Macedônia (f)	ประเทศมาซิโดเนีย	bprà-thâyt maa-sí-doh-nia
Madagascar (m)	ประเทศมาดากัสการ์	bprà-thâyt maa-daa-gàt-gaa
Malásia (f)	ประเทศมาเลเซีย	bprà-thâyt maa-lay-sia
Malta (f)	ประเทศมอลตา	bprà-thâyt mon-dtaa
Marrocos	ประเทศมอร็อคโค	bprà-thâyt mor-rók-khoh
México (m)	ประเทศเม็กซิโก	bprà-thâyt mék-sí-goh
Birmânia (f)	ประเทศเมียนมาร์	bprà-thâyt mian-maa
Moldávia (f)	ประเทศมอลโดวา	bprà-thâyt mon-doh-waa
Mônaco (m)	ประเทศโมนาโก	bprà-thâyt moh-naa-goh
Mongólia (f)	ประเทศมองโกเลีย	bprà-thâyt mong-goh-lia
Montenegro (m)	ประเทศ มอนเตเนโกร	bprà-thâyt mon-dtay-nay-groh
Namíbia (f)	ประเทศนามิเบีย	bprà-thâyt naa-mí-bia
Nepal (m)	ประเทศเนปาล	bprà-thâyt nay-bpaan
Noruega (f)	ประเทศนอร์เวย์	bprà-thâyt nor-way
Nova Zelândia (f)	ประเทศนิวซีแลนด์	bprà-thâyt niw-see-laen

101. Países. Parte 3

Países Baixos (m pl)	ประเทศเนเธอร์แลนด์	bprà-thâyt nay-ther-laen
Palestina (f)	ปาเลสไตน์	bpaa-lâyt-dtai
Panamá (m)	ประเทศปานามา	bprà-thâyt bpaa-naa-maa
Paquistão (m)	ประเทศปากีสถาน	bprà-thâyt bpaa-gèet-thǎan
Paraguai (m)	ประเทศปารากวัย	bprà-thâyt bpaa-raa-gwai
Peru (m)	ประเทศเปรู	bprà-thâyt bpay-roo
Polinésia (f) Francesa	เฟรนช์โปลินีเซีย	frayn-bpoh-lí-nee-sia
Polônia (f)	ประเทศโปแลนด์	bprà-thâyt bpoh-laen
Portugal (m)	ประเทศโปรตุเกส	bprà-thâyt bproh-dtù-gàyt
Quênia (f)	ประเทศเคนยา	bprà-thâyt khayn-yâa
Quirguistão (m)	ประเทศ คีร์กีซสถาน	bprà-thâyt khee-gèet--à-thǎan
República (f) Checa	ประเทศเช็กเกีย	bprà-thâyt chék-gia
República Dominicana	สาธารณรัฐ โดมินิกัน	sǎa-thaa-rá-ná rát doh-mí-ní-gan
Romênia (f)	ประเทศโรมาเนีย	bprà-thâyt roh-maa-nia
Rússia (f)	ประเทศรัสเซีย	bprà-thâyt rát-sia
Senegal (m)	ประเทศเซเนกัล	bprà-thâyt say-nay-gan
Sérvia (f)	ประเทศเซอร์เบีย	bprà-thâyt sêr-bia
Síria (f)	ประเทศซีเรีย	bprà-thâyt see-ria
Suécia (f)	ประเทศสวีเดน	bprà-thâyt sà-wěe-dayn
Suíça (f)	ประเทศสวิตเซอร์แลนด์	bprà-thâyt sà-wìt-sêr-laen
Suriname (m)	ประเทศซูรินาม	bprà-thâyt soo-rí-naam
Tailândia (f)	ประเทศไทย	bprà-tâyt thai
Taiwan (m)	ไต้หวัน	dtâi-wǎn
Tajiquistão (m)	ประเทศทาจิกิสถาน	bprà-thâyt thaa-jì-gìt-thǎan
Tanzânia (f)	ประเทศแทนซาเนีย	bprà-thâyt thaen-saa-nia
Tasmânia (f)	ประเทศแทสเมเนีย	bprà-thâyt thâet-may-nia
Tunísia (f)	ประเทศตูนิเซีย	bprà-thâyt dtoo-ní-sia
Turquemenistão (m)	ประเทศ เติร์กเมนิสถาน	bprà-thâyt dtèrk-may-nít-thǎan
Turquia (f)	ประเทศตุรกี	bprà-thâyt dtù-rá-gee
Ucrânia (f)	ประเทศยูเครน	bprà-thâyt yoo-khrayn
Uruguai (m)	ประเทศอุรุกวัย	bprà-thâyt u-rúk-wai
Uzbequistão (f)	ประเทศอุซเบกิสถาน	bprà-thâyt ùt-bay-gìt-thǎan
Vaticano (m)	นครรัฐวาติกัน	ná-khon rát waa-dtì-gan
Venezuela (f)	ประเทศเวเนซุเอลา	bprà-thâyt way-nay-sú-ay-laa
Vietnã (m)	ประเทศเวียดนาม	bprà-thâyt wîat-naam
Zanzibar (m)	ประเทศแซนซิบาร์	bprà-thâyt saen-sí-baa

www.ingramcontent.com/pod-product-compliance
Lightning Source LLC
Chambersburg PA
CBHW060034050426
42448CB00012B/3003

* 9 7 8 1 7 8 7 6 7 4 3 5 6 *